SYBIL GRÄFIN SCHÖNFELDT

Von Menschen und Manieren

SYBIL GRÄFIN SCHÖNFELDT

Von Menschen und Manieren

Die wohltuende Wirkung
guter Umgangsformen

Mosaik

© 2001 Mosaik Verlag
in der Verlagsgruppe Falken/Mosaik,
ein Unternehmen der Verlagsgruppe
Random House GmbH, München/5 4 3 2 1
Redaktion: Annette Baldszuhn
Umschlaggestaltung: Heinz Kraxenberger GmbH
Umschlagfotos: Bildarchiv Heinz Kraxenberger GmbH
Buchgestaltung und Satz: Büro Caroline Sieveking, München
Druck und Bindung: Freiburger Graphische Betriebe GmbH,
Freiburg
Printed in Germany
ISBN 3-576-11564-1

INHALT

ÜBER DEN UMGANG MIT

KNIGGE 7 𐰳 DEM GUTEN TON 11

ZEITGENOSSEN 19 𐰳 FOTOGRAFEN 25

GESCHENKEN 27 𐰳 WEISSEN SOCKEN 29

TITELN 34 𐰳 RÖCKEN UND HOSEN 39

REISEBEKANNTSCHAFTEN 44 𐰳 BARBUSIGEN 48

EHEPAAREN 53 𐰳 PORZELLAN 57

TRAUERNDEN 60 𐰳 DER GEGENWART 67

WEIHNACHTEN 70 𐰳 SCHMUCK 76

UNBEKANNTEN 80 𐰳 KRANKENSCHWESTERN 84

GELD 91 𐰳 VERWANDTEN 96 𐰳 KÜSSEN 103

ANSTAND 108 𐰳 STOLZ 113 𐰳 RAUCHERN 116

DEM VATERTAG 119 𐰳 DEM MUTTERTAG 124

GASTGEBERN 127 𐰳 MÜLL UND PUDERDOSEN 133

ENTSCHULDIGUNGEN 140 𐰳 DER BLOSSEN HAUT 144

JUGENDLICHEN 147 𐰳 SPIELZEUG 151

POLITISCH ANDERS DENKENDEN 154

DEM NEIN 160 𐰳 KINDERN IM LOKAL 164

DEM MOBILTELEFON 169 𐰳 ERBEN 174

GESCHÄFTSESSEN 179 𐰳 LEHRERN 188

»*Es gibt kein äußeres Zeichen der Höflichkeit, das nicht einen tiefen sittlichen Grund hätte. Die rechte Erziehung wäre, welche diese Zeichen und den Grund zugleich überlieferte.*«

Johann Wolfgang von Goethe

ÜBER DEN UMGANG
MIT KNIGGE

Wer über Menschen und ihre Manieren nachdenkt, stößt auf Knigge, auf den Freiherrn selbst, auf das Buch, das unter seinem Namen zum Begriff geworden, auf den Begriff, der nichts mehr mit dem Freiherrn und seinem Bestseller zu tun hat – in unserer regellosen Welt aber sehr wohl mit der Gewissheit zu tun hat, dass es so etwas wie eine Ordnung zwischen den Menschen und ihren Manieren gibt. Oder gegeben hat.

Fällt also das Wort »Knigge«, so heißt es: Knigge? Wer das sein soll? Das weiß doch jeder! Das ist der mit dem guten Ton in allen Lebenslagen, bei dem man nachschlagen kann, wo die Krebsmesser liegen müssen und wie man kondolieren soll. Schlüge wirklich jemand nach, würde er sein blaues Wunder erleben. Denn Knigge ist nicht der mit dem guten Ton, sondern der mit dem falschen Ruf. Er hat kein Anstandsbüchlein verfasst, wie man solche Werke damals nannte. Er hat vor über zweihundert Jahren »Über den Umgang mit Menschen« geschrieben, und das ist etwas ganz anderes.

Adolph Freiherr von Knigge war ein Antiautoritärer, ein Anhänger der Aufklärung, der Ideen der Französischen Revolution. Er wurde ein politischer Schriftsteller, mit solcher Leidenschaft, dass er in Bremen »gegen alles Völkerrecht« von den Engländern »verhaftet und in Fesseln geschlagen« nach Hannover ins Gefängnis gebracht worden ist.

Alles das kann man nachlesen, und deshalb lautet die Frage eigentlich nicht: Was ist vom »Knigge« heute noch geblieben?, sondern: Wieso hält sich so nachdrücklich die falsche Meinung, Knigge habe einen »Knigge« verfasst?

Ein wenig ist Knigges Tochter daran schuld oder sein Schwiegersohn, denn nach dem Aufbruch der damaligen Aufklärung hat die Restauration eingesetzt, und die verlangte andere Gedanken und Bücher. Also verriet die nächste Generation, ängstlich darauf bedacht, was die Leute sagen würden, ohne viel Pietät den Vater und stutzte den kriegerischen Moralspiegel zu einer spießbürgerlichen Benimmfibel zurecht.

Wie das verlief? Nehmen wir einige Freiherrn-Sätze von wahrhaft prophetischer Kraft bis in die zufällige Formulierung der Nebensätze: »Stimme (den Fürsten) nicht bei, wenn sie je vergessen wollen, dass sie, was sie sind und was sie haben, nur durch Übereinkunft des Volkes sind und haben; dass man ihnen diese Vorrechte wieder nehmen kann, wenn sie Missbrauch davon machen, dass unsere Güter und unsere Existenz nicht ihr Eigentum, sondern dass alles, was sie besitzen, unser Eigentum ist, weil wir dafür alle ihre und der Ihren Bedürfnisse befriedigen und ihnen noch obendrein Rang und Ehre und Sicherheit geben und Geiger und Pfeifer bezahlen…«

Daraus wurde 1844: »…dass sie, was sie sind und haben, nur auf Grund der Gesetze haben.« Und 1888 schließlich: »…nur durch die Gnade Gottes haben.«

Wenn man das Wort »Fürst« durch das Wort »Bundeskanzler« ersetzt, so hat man einen Knigge für heute.

Der zweite Punkt beruht wohl auf der Tatsache, dass es zu Zeiten des Freiherrn von Knigge noch kein Copyright gab. Und deshalb konnte jeder spätere Herausgeber und Verleger aus dem »Knigge« ganz einfach das machen, was ihm gerade Geld zu bringen versprach.

Aber der Hauptgrund liegt, so glaube ich, im Kern des wahren Werkes. Freiherr von Knigge hatte an mehreren kleinen deutschen Fürstenhöfen gelebt, war immer wieder Intrigen der Hofleute zum Opfer gefallen, hatte überdies begriffen, wie eingespielt die politischen Machthaber waren, wie gekonnt und routiniert gelogen und betrogen wurde und wie verheuchelt die deutsche Sprache benutzt wurde, um diese Wahrheiten zu vertuschen.

Knigge wollte dem redlichen deutschen Hausvater, dem ehrlichen Landmann, der von morgens bis abends auf Feld und Wald und Wiese dafür arbeitet, dass sein Land zu essen und zu trinken hat, also beibringen, wie man es diesen Hofschranzen trotzdem zeigen kann. Dreck am Stiebel, aber Sauberkeit in der Politik, so sollte es sein.

Dreck am Stiebel, aber Sauberkeit in der Politik. So sollte es nach dem Freiherrn von Knigge sein.

»Über den Umgang mit Menschen«, so heißt auch das erste Kapitel von Knigges Buch. Er beschreibt darin die Welt, wie sie ist. Ein Satz daraus:»Wohltaten annehmen macht abhängig; man weiß nicht, wie weit das führen kann. Man kommt da oft ins Gedränge zwischen der Notwendigkeit, schlechten Menschen zu viel nachzusehen, oder undankbar zu erscheinen.« Ist dem etwas hinzuzufügen?

Der zweite Schritt, das zweite Kapitel:»Umgang mit sich selber«. Ohne Selbsterkenntnis keine Menschenkenntnis – wieder ein Beispielsatz:»Wer täglich herumrennt, wird fremd in seinem eigenen Hause; wer immer in Zerstreuungen lebt, wird fremd in seinem eigenen Herzen, muss im Gedränge müßiger Leute seine innere Langeweile zu töten trachten, büßt das Zutrauen zu sich selber ein...«

Nach diesen Überlegungen erst fasste Freiherr von Knigge die anderen ins Auge: Eltern und Kinder, Alte, Ehegatten, Dummköpfe, Geizige, Schurken, Eigensinnige, Faulpelze, Neidhammel, Hauswirte, Gläubiger und Schuldner, Frauenzimmer und Freunde. Mein Lieblingskapitel: »Über den Umgang mit und unter Verliebten«. Erster Satz: »Mit Verliebten ist vernünftigerweise gar nicht umzugehen; sie sind so wenig wie andere Betrunkene zur Geselligkeit geschickt... Den Verliebten selbst Regeln über ihren Umgang miteinander zu geben, würde verlorene Mühe sein...«

Wer meint, glänzende Umgangsformen ersetzten das Gewissen, hat Knigge gründlich missverstanden.

Sogar beim »Umgang mit Tieren« war er seiner Zeit voraus: »Ich habe immer nicht begreifen können, welche Freude man daran haben kann, Tiere in Käfigen und Kasten einzusperren. Der Anblick eines lebendigen Wesens, das außer Stand gesetzt ist, seine natürlichen Kräfte zu nützen und zu entwickeln, darf keinem verständigen Manne Freude gewähren...«

Das alles ist wahr – doch wer will schon die Wahrheit über sich wissen? Kein Wunder, dass man die Sätze des Freiherrn geschönt und gepudert hat, bis sie denen glichen, über die er spottete. Es ist schließlich viel leichter, wie ein dressierter Affe artig zu hampeln und zu zappeln, statt zu dem zu stehen, was man für richtig hält.

Nichts hat sich seit 1788, seit dem Erscheinen des berühmten Buches, geändert. Nichts wird sich ändern. Wer meint, glänzende Umgangsformen ersetzten das Gewissen, wird es möglicherweise weit bringen. Aber bei Knigge kann man nachlesen, was davon zu halten ist. Und deshalb muss jede Überlegung über Menschen und Manieren beim Freiherrn von Knigge beginnen.

Über den Umgang
mit dem guten Ton

Knigge ist unsterblich geworden, weil er die Vernunft und das Gewissen der Menschen wecken wollte. Seinen Nachfolgern in der kurzen deutschen Kaiserzeit ging es nur noch um die Formen, die man wie lateinische Vokabeln eingedrillt bekam, bis die beiden Weltkriege ihnen den Lack nahmen.

Und heute? Wann sind unsere heutigen Manieren zustande gekommen? Wer hat sie für uns entworfen? Wenn man die Anfangsjahre der Republik betrachtet, so sieht man: Unsere Eltern und Großeltern hatten damals keine Zeit für überflüssige Gedanken. Manieren wie gehabt, im Übrigen: Aufbau. Wiederaufbau. Wirtschaftswunder. Und dann erst recht Manieren wie gehabt – bis es allen reichte.

Sonderbarerweise liefen zwei Entwicklungen parallel: die der Studentenrevolution, die alles Formale vom Tisch wischte und das Essen gleich im Kochtopf auf denselben stellte. Daneben aber gab es den bürgerlichen Versuch, ein zeitgemäßes Benehmen zu formulieren, eine neue Form, anders als die spießige Förmlichkeit, die die damalige Protokollchefin von Konrad Adenauer, Erika Pappritz, in einem Buch vertreten hatte, das zwar aus der Feder des Journalisten Heinz Graudenz stammte, jedoch unter ihrem, der Beraterin Namen, bekannt wurde.

Diese neue Form versuchten die Tanzlehrer zu kreieren, die sich in einem Fachausschuss für Umgangsformen zusammengeschlossen hatten. Ex-Protokollchefin Pappritz protestierte heftig, als sie eine der ersten Empfehlungen las, die dieser Fachausschuss ungefähr so formulierte und veröffentlichte:»Wenn zu Hause oder im Lokal lauter einander Bekannte an einem Tisch sitzen, so darf auch eine Dame einen Herrn zum Tanzen auffordern.«

»Unmöglich!«, sagte die Pappritz.»Das täte ich nie!«, verkündeten gleichfalls Sängerinnen und Schauspielerinnen der verschiedensten Altersgruppen, die man zu dieser Frage interviewte. Aber Protest und Kritik ließen den Fachausschuss kalt. An Angriffe von Frau Pappritz gegen seine Empfehlungen war er gewöhnt. Und gewöhnt war er wohl ebenso daran, dass Frauen damals selbst dann, wenn es um ihre eigene Freiheit ging, noch konservativer als die Männer jene Sitten und Regeln verteidigten, die das traditionell passive Bild der Frau betonten.

Die Tanzlehrer tanzten der»Protokoll-Pappritz« auf der Nase herum.

Doch dem Vorschlag anderer Verhaltensformen haftete nichts von Rebellion oder Heldenhaftigkeit an. Er war kein Programm, sondern lediglich das Ergebnis der großen Zahl: Fünfhundert Tanzlehrer aus Deutschland, Österreich und der Schweiz hatten 1970 während eines internationalen Kongresses den jungen Damen nicht im Geringsten unerhörte neue Freiheiten zugestanden, sondern nur eine bereits bestehende Sitte offiziell bestätigt.

Sie gäben nur Empfehlungen, sagten die Tanzlehrer, die die Beschlüsse der einzelnen Ressorts der Fachausschüsse auswerteten. Keiner der Kollegen könne etwas dagegen tun, dass diese Empfehlungen für absolut und unfehlbar gehalten würden, dass ihnen eine gewisse Kompetenz zuerkannt würde. Der Ausdruck »Experten-Gremium« des Fachausschusses, bestehend aus Tanzlehrern, Pfarrern, Soziologen, Ärzten und Psychoanalytikern, unterstrich diese Autorität allerdings noch, die man umso stärker akzeptierte, als sie nachdrücklich gewünscht und gefordert wurde.

Die Menschen dieser Generation wollten also ganz genau wissen, wie man sich zu benehmen hatte, wenn sie es freilich auch ablehnten, sich so wie ihre Eltern und Großeltern zu benehmen. Und die Tanzlehrer wussten nun, was verlangt wurde. Sie führten unbefangen Protokoll über die Wünsche junger Leute, ahnungslos, dass ihr missionarischer Eifer zu raten und zu helfen durchaus explosiv wirken könnte.

Ursprünglich wollten sie lediglich für ihre Mitglieder proklamieren, was sich schickt, und begannen voller Begeisterung für ihr Motto »Weniger Formen – mehr Takt« zu kämpfen. Erstaunt registrierten sie, welch großes Aufsehen sie erregten, dass sie Beifall aus ganz unerwarteten Ecken erhielten. Als Erstes meldete sich ein Vertreter der gerade gegründeten Bundeswehr, der nach einem neuen Umgangston für die Bürger in Uniform suchte. Als Nächstes baten die Arbeitgeber- und -nehmerverbände um Regeln für den rechten Ton am Arbeitsplatz. Schließlich kamen die Chefstewardessen der Lufthansa und die Lehrer der Hotelfachschulen und forderten klare, unmissverständliche und praktische Unterlagen für ihre Arbeit.

Das alles überforderte die Tanzlehrer nicht im Geringsten, denn ihre Kunden waren gleichzeitig die Lieferanten der Informationen, nach denen sie verlangten. Umfragen in ihren Tanzschulen ergaben, dass die jungen Leute ganz allgemein »gutes Benehmen« kritisierten, hinter dem sich Rücksichtslosigkeit verbarg. Sie wehrten sich gegen das Verhalten der Eltern, an dem sie die Verlogenheit des alten guten Tons besonders krass zu erkennen meinten. Rund die Hälfte der Befragten wollte sich besser benehmen als ihre Eltern. Ihnen missfiel, dass der Vater zu anderen Frauen höflicher war als zur Mutter und die Mutter zu anderen Männern freundlicher als zum Vater. Oder dass die Eltern das Verhalten ihrer (fast erwachsenen) Kinder im Beisein anderer Erwachsener kritisierten und fremden Jugendlichen Dinge wie Rauchen, Alkoholkonsum und Naschen von Süßigkeiten erlaubten, die sie den eigenen Kindern verboten. Ihnen behagte nicht, dass es der Vater darauf anlegte, draußen den Herrn zu markieren, während er sich zu Hause gehen ließ. Dass man in der Berufsausbildung den Bruder der Schwester vorzog; dass Söhne keine Mädchen und Töchter keine männlichen Freunde mit nach Hause bringen durften; und dass die Erwachsenen so schnell mit Notlügen bei der Hand sind.

Die jungen Leute wollten neue junge Umgangsformen. Den alten guten Ton fanden sie verlogen.

Kritik dieser Art leuchtete dem Fachausschuss ein, und er wurde zum Sprecher derer, die wie einstmals die Freiherren vom Stein und Knigge gegen leere Etikette und Hofschranzentum wetterten und den ehrlichen aufrechten Menschen lobten und rühmten.

Aus dem gleichen Grund sprach der Ausschuss von Umgangsformen und nicht vom guten Benehmen oder vom guten Ton. Selbst im Begriff »Höflichkeit« sahen die jungen Leute noch ein Synonym für Verlogenheit und Heuchelei. Etikette wurde als seelenloses Lieblingsspielzeug unerträglicher Protokollpopanze verstanden und verteufelt.

Diese Haltung war historisch fixiert und abzuleiten: In der deutschen Geschichte hat niemals ein strahlender großer Hof eine zentrale Rolle gespielt. Im Gegenteil, die kaiserlichen und königlichen Höfe zu Versailles, Wien, St. Petersburg,

Paris oder London waren Anti-Ideale, beherbergten die so genannten Erbfeinde, hatten folglich mehr mit Schmach und Krieg zu tun, so dass wir eher zur Glorifizierung bürgerlicher Epochen und Ideale neigen. Das höfische Zeremoniell, die Etikette und das diplomatische Protokoll, das Fürst Metternich schon in praktikablerer Form zum Wiener Kongress aus beiden entwickelte, wurden als Verfremdung einheimischer Sitten empfunden.

Nun war der Ausschuss für Umgangsformen realistisch genug zu betonen, es sei unmöglich, Allgemeinrezepte zu geben. Er duldete das Protokoll als »gefühlloses Regulativ«. Wer nun aber betonte, dass Verkehrsregeln kein Gefühl besitzen, hat insgeheim von einem Halte- oder Vorfahrtssignal mehr erwartet, als dieses bieten kann.

Nur wenn man sich darüber im Klaren ist, dass Etikette und Form stets von Form-Fetischisten überbewertet werden und es immer Menschen geben wird, die die Form für ihre eigenen Zwecke missbrauchen, dass die Form jedoch deswegen, weil sie nicht mehr für alle passt, weder abgeschafft werden muss noch wertlos wird, nur dann kann man Umgangsformen entwerfen, die gleichzeitig ein kritisches Bewusstsein schaffen. Der Weg dorthin führte in den späten sechziger/siebziger Jahren erst einmal durch eine totale Ablehnung: Der damalige Bundespräsident Gustav Heinemann mäkelte regelmäßig an zu viel Frack und Formalitäten herum. Als er auf einer Einladung des damaligen Verteidigungsministers Helmut Schmidt zu einem Empfang las: »Smoking oder Uniform erwünscht«, da sagte er, er wolle auf seine Einladungen künftig drucken lassen: »Anzug beliebig, aber erwünscht«.

Des Bundespräsidenten Abneigung gegen Gesellschaftskleidung hatte sich schon im Herbst 1969 in seiner so genannten Protokollreform niedergeschlagen: weniger weiße

Mäuse, keine roten Teppiche, Staatsempfänge im Straßenanzug, Einladungen zu Essen und öffentlichen Empfängen nicht mehr streng nach der Protokollliste. Mancher Mann hat bei diesen Nachrichten gewiss befriedigt gedacht: Endlich mal ein vernünftiger Präsident! Wir leben ja schließlich auch in einer Demokratie!

Gewiss, es ist demokratisch, das Geld der Steuerzahler zu sparen. Es ist höflich, verdienstvollen, aber fracklosen Mitbürgern Empfänge möglich zu machen. Es ist allerdings ein Irrtum, das Unbehagen an der gesteiften Frackbrust und den Widerwillen gegen abendlichen Garderobenwechsel als politisches Bekenntnis zur Demokratie zu interpretieren. Dahinter versteckt sich eine typisch männliche Bequemlichkeit, die einem älteren Herrn stets zugestanden, aber nie als Anstandsreform missverstanden werden sollte.

Protokoll ohne Frack und Schlips – ist das nun demokratisch oder schlichtweg frackfaul?

Mit der Gelassenheit des Professionellen hatte Hans-Otto Meissner, früher selbst Mitglied des Protokolls, schon vor diesen Reformversuchen seinen Kommentar abgegeben: »Das Protokoll stirbt nie. Fast immer, wenn sich eine staatliche Umwälzung vollzieht, erklären die neuen Machthaber, dass sie mit dem ›Unwesen des Protokolls‹ aufräumen werden. Aber noch keine Revolution hat das fertig gebracht, denn immer zeigt es sich, dass man diese Regelungen unbedingt braucht.«

Natürlich vereinfacht sich das Protokoll, die Regelung des gesellschaftlichen Lebens auf offizieller Ebene, von Zeit zu Zeit. Es erhob auch nie den Anspruch, für das private gesellschaftliche Leben verbindlich zu sein. Es ist jedoch der letzte Rest einer Ordnung, die einst Europas Höfe und die nach oben strebende Gesellschaft absolut regierte, bis in die letzten Feinheiten wiederum beherrscht von Kammerherren und Zeremonienmeistern.

Es war das Verdienst des Fürsten Metternich, die Rang-
ordnung aller Höfe auf einen internationalen Nenner gebracht zu haben: Während des Wiener Kongresses musste er
so viele Fürsten, Botschafter, Generale, Gesandte und Staats-
männer korrekt placieren, dass die zahlreichen verschiedenen Rangordnungen kaum mehr unter einen Hut zu bekommen waren. Man brauchte ein allgemein verbindliches
schriftliches Protokoll. Man brauchte Gesetzestafeln.

Seit Gott dem Moses befohlen hat: »Hau dir zwo steinerne
Tafeln, dass ich die Worte darauf schreibe...«, hat es sich
eingebürgert, die Regeln für den Umgang mit Menschen und
Höhergestellten schriftlich zu fixieren. Denn wir befinden uns
in der gleichen Situation wie Metternich. Damals wimmelte
es in der Wiener Hofburg, heute drängelt man sich auf der
ganzen Welt. Wir benötigen umso eher Umgangsformen, je
enger wir aufeinander leben und je reicher wir werden. Jeder
kann sich theoretisch alles und damit auch das exklusivste
Symbol des Mehr- und Höhergestelltseins leisten. Aber je
größer die Freiheit und Freizeit sind, desto sichtbarer wird,
dass der Unterschied zwischen oben und unten nur fiktiv ist.
Wie soll man diese Diskrepanzen ertragen, wenn man lediglich für einen Ausschnitt des ganzen Problems präpariert ist?
    Erika Pappritz gehörte noch jener Generation an, die mit
Selbstverständlichkeit von »der Gesellschaft« sprach. Doch
die Bundesrepublik Deutschland hatte damals noch keine
Hauptstadt, sondern nur eine Reihe von gesellschaftlichen
Schwerpunkten – und an Letzterem änderte sich in all den
Jahrzehnten nichts. Deshalb gibt es hierzulande keine Gesell-
schaft, sondern eine Reihe von gesellschaftlichen Gruppen,

von denen jede nach dem Gesetz der Konkurrenz eine eigene Etikette entwickelt hat und äußerst eifersüchtig darüber wacht, dass diese exklusiver und trickreicher als die der anderen Gruppen ist.

Die Summe der modernen Umgangsformen ist nun die Grundschule, nach der sich jeder seinen eigenen Fortbildungskurs aussuchen kann. Der Zeitpunkt, zu dem sie verlangt werden, ist fixierbar: Wenn junge Menschen selbstständig werden, wenn sie eigenständig zu denken beginnen, wenn Hochzeit, Verlobung oder nur der erste Besuch des oder der Auserwählten bevorstehen, dann werden die Eltern unsicher, ob sie ihren eigenen Sitten, den Erinnerungen an ihre Jugend oder den Forderungen der Jungen trauen sollen. Dann wollen sie genau wissen, wie man es heute »richtig macht«. Richtige Tischsitten und richtige Kleiderregeln: Voraussetzungen und Grundkenntnisse.

Wer sie beherrschen lernt, um sich in und zwischen allen möglichen Gesellschaftsformen bewegen zu können, wird sich jedoch erst dann dabei sicher fühlen, wenn er Etikette und Konvention relativiert.

Es gilt noch immer der Satz unserer Väter: Konventionen sind Spielregeln der Kultur.

Wer sich darüber klar ist, wird niemals unter ihnen leiden. Nichts ist allerdings unkultivierter, als sie bierernst zu nehmen.

Über den Umgang
mit Zeitgenossen

Was denkt, was sagt man über das Benehmen? Heutzutage, nachdem jahrzehntelang alles erlaubt war und die Bilderflut des Fernsehens zum mächtigsten Erzieher in Manieren und Moral wurde? »Eine reine Katastrophe! Furchtbar! Wird immer schlimmer! Die Leute haben keine Ahnung mehr, wie man sich benimmt, und die jungen Leute sind die schlimmsten.«

Diese jungen Leute sind unsere Kinder oder Enkel oder Geschwister, Menschen also, die mit uns zusammenleben und sich so verhalten, wie sie es in ihrer Umgebung sehen. Kann ich mich nun absondern und sagen, das Benehmen ist das der anderen? Mit anderen Worten: Ich benehme mich tadellos, die anderen benehmen sich wie Wildschweine.

Das ist die Frage, die niemals verstummt. Ich bin in diese Zeit hineingeboren. Ich muss mit meinen Zeitgenossen zurechtkommen. Aber wie? Indem ich alles so mache wie sie, um friedlich und ungestört leben zu können – auch das, was mir nicht behagt, was ich schlecht oder falsch oder verbrecherisch finde? Oder indem ich versuche, auf meine Zeitgenossen einzuwirken, dadurch dass ich, wie man früher sagte, meine Ideale vertrete, auch die Ideale der Manieren und der Moral?

Dazu braucht man zweierlei: Erkenntnis und Mut. Erkenntnis des eigenen Ich und Erkenntnis der anderen. Beides besitzt man nicht von Anfang an, vielleicht nicht einmal als angeborene Möglichkeit, denn wir erleben ja tagtäglich, dass es ohne Erkenntnis und Selbsterkenntnis ebenfalls ganz gut geht. Und weil wir eben nicht als Weltweise geboren werden, sondern unsere gesamte Kindheit und Jugend zum Lernen brauchen, hat sich wahrscheinlich jede Kultur Lernhilfen ausgedacht, vor allem die ungeschriebenen Gesetze des Verhaltens. So und so macht man das und das. So sagst du der Großmama guten Tag. So putzt du dir die Nase. So setzt du dich auf einen Stuhl. So behandelst du deinen kleinen Bruder. So entschuldigst du dich.

Wer etwa um die gleiche Zeit geboren wurde und die Schule besuchte und seine erste Liebe erlitt, hat von Eltern und Erziehern ungefähr das Gleiche gehört: So isst man seine Suppe. So redet man den Chef an. So hilft man jemandem in den Mantel. Meine Zeitgenossen und ich bewegen sich folglich in einem sehr ähnlichen unsichtbaren Raum, dessen Eigenarten und vor allem Grenzen wir genau bezeichnet bekamen. Und an der unbewussten Achtung dieser Grenzen erkennen wir uns – eben als Genossen der gleichen Zeit der Kindheit und der Jugend.

Doch die Zeiten ändern sich, wie das lateinische Sprichwort sagt, »und wir uns in ihnen«. Das ist, wie man aus dem Alter dieses Sprichwortes schließen kann, stets so gewesen. Vielleicht hat sich der Wandel nicht so rasant vollzogen und die Änderungen waren nicht so gravierend wie jene, die meine Zeitgenossen und ich im Lauf der zweiten Hälfte des 20. Jahrhunderts miterlebten. Aber geändert hat sich die Welt immer, und dabei kommt das zweite Wort ins Spiel, das ich als Voraussetzung dafür genannt habe, dass man eigene Ideen und Ideale vertritt: Mut.

Wir können stets zwischen zwei Möglichkeiten wählen. Nachdenken oder nicht nachdenken. Das machen, was alle machen, oder seinem Gewissen und den persönlichen Ansichten folgen. Hinschauen oder wegblicken. Sich einsetzen oder andere machen lassen. Sich ins Leben werfen oder gleichgültig sein. Entscheiden oder sich von den Medien die Entscheidungen liefern lassen. Bürger oder Untertan sein. Sich emanzipieren oder Lamm bleiben. Mutig sein oder keinen Mut haben.

Emanzipation ist Aufklärung, und diese hat der Königsberger Philosoph Immanuel Kant 1783 auf unübertreffliche Weise so definiert: »Aufklärung ist der Ausgang des Menschen aus seiner selbst verschuldeten Unmündigkeit. Unmündigkeit ist das Unvermögen, sich seines Verstandes ohne Leitung eines anderen zu bedienen. Selbst verschuldet ist diese Unmündigkeit, wenn die Ursache derselben nicht am Mangel des Verstandes, sondern der Entschließung und des Mutes liegt, sich seiner ohne Leitung eines anderen zu bedienen. Zu dieser Aufklärung aber wird nichts erfordert als Freiheit; nämlich die: von seiner Vernunft in allen Stücken öffentlichen Gebrauch zu machen. Denn jeder Mensch ist berufen, selbst zu denken.«

Kants Zeitgenossen waren Friedrich Gottlieb Klopstock, Giacomo Casanova, die spätere Kaiserin Maria Theresia, Goethes Mutter Katharina Elisabeth Textor, Moses Mendelssohn und Gotthold Ephraim Lessing, George Washington, der spätere erste Präsident der Vereinigten Staaten von Amerika, und die Schauspielerin Caroline Neuber, eine wahrhaft emanzipierte Frau.

Ihre Zeit war – ein Lebensalter vor der Französischen Revolution – von Monarchien bestimmt, von Herrschern, die man »absolut« nannte und sie sich selbst »von Gottes Gnaden«. Auf Gott und die Gebote der Religion bezogen sich alle, auch Kant. Sie bildeten die sittliche Grundlage seiner

Zeitgenossen – was natürlich nicht bedeutete, dass sie von allen befolgt und anerkannt wurden. Doch man wusste, dass man sich im Notfall auf diese Allgemeingültigkeit verlassen konnte.

Wir müssen – und können – täglich neu entscheiden, in jeder Situation, was zu tun ist. Wir besitzen allerdings ebenso die Freiheit, in jedem Augenblick etwas Neues zu entwerfen und etwas Altes zu verwerfen.

Eine alte Frau, die von sich als einer Dame spricht, sagte über einen jungen Geschäftsmann in der Nachbarschaft, er habe kein Benehmen, »wie ich es gewohnt bin, aber wo findet man das denn heute noch?« Dieser junge Mann war neu zugezogen und hatte in einem Brief seinen Besuch angekündigt, um die verehrte Kundschaft kennen zu lernen. Er hätte in der Welt der Damen erst einmal bitten müssen, sich vorstellen zu dürfen, fand die alte Frau, war jedoch beschwichtigt, weil er sich bei diesem Besuch »tadellos höflich benahm«.

Das heißt: Er erschien ordentlich gekleidet, Hemd und Krawatte, Anzug. Er kam zur korrekten Zeit (später Vormittag, wenn man sicher sein kann, dass die Damen mit ihrer Toilette fertig sind). Er stellte sich vor, wartete, bis ihm ein Platz angeboten wurde, setzte sich anständig hin, sprach deutlich, sagte das, was er zu sagen hatte, sachlich und verständlich, stand auf, wenn sich die alte Frau erhob, um – sagen wir – Unterlagen aus dem anderen Zimmer zu holen, blieb nicht länger als die angemessene Zeit und verabschiedete sich vielleicht noch mit einer angedeuteten Verbeugung.

In dieser Szene sind Alt und Neu zusammengekommen, aber nicht zusammengestoßen. Weil der junge Mann etwas von der alten Frau wollte, benahm er sich so, wie es zu ihrer Zeit üblich war. Jetzt lasse ich unseren jungen Mann erleichtert die Treppe hinunterlaufen, dabei die Krawatte lockern, vielleicht sogar vom Hals ziehen, sorgfältig zusammenlegen und in die Tasche stecken. Ich lasse ihn die Haustür öffnen und im Schwung auf den Gehweg stürzen, der in der Jugend unserer alten Frau Trottoir oder Bürgersteig hieß. Er schaut nicht nach rechts und nach links, rennt einem anderen Passanten knapp an der Nase vorbei, prallt fast gegen einen Entgegenkommenden, ruft: »Passen Sie doch auf!«, und was er anschließend macht, kann uns gleichgültig sein. Seine Rolle ist ausgespielt, denn seine Szene mit der alten Frau enthält alles, was einem erklären kann, wie es mit dem Benehmen in unserer und in jeder gewesenen und künftigen Zeit steht.

> Formvollendete Flegel haben keine Ahnung von Form und wahrem Anstand.

Die alte Frau und der junge Mann sind keine Zeitgenossen. Sie ist in einer Zeit aufgewachsen, in der eine Frau Eisenbahnvorstand oder Frau Geheimrat etwas darstellte, ohne dass die gnädige Frau etwas sein musste. Obgleich diesem Status nun die Basis fehlt, pochen viele Gnädige immer noch auf ihre Rechte, auf die sie einen Anspruch zu haben meinen. Sie kneifen die Augen zu, damit sie nichts vom Wandel der Zeit wahrnehmen müssen. Sie beharren starrköpfig auf dem, was ihnen so angenehm war.

Funktioniert so etwas? Nein, im Allgemeinen nicht. Aber paradoxerweise gibt es deshalb im ewigen Wandel unserer Sitten etwas, das von ewiger Dauer ist: die Rücksicht auf das menschliche Herz, auf die Empfindlichkeiten der Seele. Auf alle Wunden, die uns das Leben geschlagen hat.

Bleiben wir bei unserer alten Frau. Sie ist verbittert, weil sie allein ist, weil sich nichts mehr um sie dreht, weil es in ihrem Leben nichts und niemanden mehr gibt, das und der sie stützen könnte. Sie gehört also zu den Hilfsbedürftigen.

Sie hat ihre geistige Beweglichkeit verloren, ist erstarrt und nun so in sich gefangen, dass sie nur noch sich erkennen kann, nichts und niemanden außerhalb der eigenen Person.

Sie ist eine Randfigur der Gesellschaft, wie Bettler und Obdachlose, wie Behinderte, wie Verliebte. Auch wie Kinder, wenn man die Gesellschaft als Erwerbsgesellschaft versteht. Für die alte Frau war die Form alles. Für den jungen Mann ist sie ein Mittel zum Erfolg. Er bedient sich ihrer,

Gutes Benehmen beweist sich vornehmlich, wenn niemand zuschaut.

wenn es ihm Nutzen verspricht, und benimmt sich ansonsten wie all seine Zeitgenossen.

»Unmöglich!«, sagt die alte Frau. Und der junge Mann? Sollte er lernen, dass seine Korrektheit im Umgang mit künftigen Kunden nichts mit gutem Benehmen zu tun hat? Sollte er begreifen, dass sich dieses gute Benehmen vor allem dann beweist, wenn keiner zuschaut? Er würde vielleicht lachen, die Schulter zucken. Er ist gar nicht daran interessiert, sich gut zu benehmen. Er will Geld verdienen, aus.

Was können die Genossen der anderen Zeit von ihm erwarten? Kein Verständnis, aber Duldung. Geduld. Und was kann er von den Zeitgenossen einer alten Frau erwarten, außer der Provision für ein erfolgreich abgeschlossenes Geschäft? Auch nur Duldung und Geduld. Das wäre auf jeden Fall besser als giftige Feindseligkeit.

Über den Umgang
mit Fotografen

Gelten für Fotografen eigentlich auch Höflichkeitsregeln?

Da braucht man nur die Glotze anzuschalten oder eine Illustrierte aufzuschlagen und hat die Antwort: Im Prinzip ja, in Wirklichkeit nein. Man sieht in den Medien, was die Paparazzi gesehen haben. Man ist so indiskret wie der flinke Fotograf, der sich voller Absicht auf die Lauer legt, um diese prominente Person oder jenen beispielhaft edlen und mächtigen Menschen so erbärmlich und nackt und gedemütigt zu zeigen, wie es nur geht.

Manchmal versuchen sich die Opfer, die wir, die kaufende Leser- und Zuschauerschaft, uns so sichtbar machen lassen, zu wehren. Sie greifen zu Flüchen, Fäusten oder Regenschirmen, um den Tätern eins über den Schädel zu ziehen, und flugs werden sie von der glotzenden Masse, von uns, als Täter bezeichnet. Verkehrte Welt? Oder ist das Opfer doch der Täter?

Für Pressefotografen ist das Knipsen ihr Job. Fotografen und Fernsehteams tauchen überall auf. Sie stehen wie eine Mauer zwischen Publikum und Preisträgern, sie knipsen auf Friedhöfen Trauernde, versteckt aus der Ferne, berühmte nackte Schwangere, drängen sich in Nietenhosen und Pullis zwischen festlich Gekleidete und sagen niemals »Erlauben Sie

Der Besitz einer
Kamera befreit nicht
von der Pflicht zur
Höflichkeit.

bitte!« oder »Danke!«, sondern: »Und nun das Ganze noch einmal für die Kamera!«

Und wir gehorchen – und heben damit das Gesetz der Höflichkeit abermals auf. So beweisen wir uns täglich, dass wir eine optische Gesellschaft geworden sind und dass auf einen, der sich belästigt fühlt, tausend kommen, die sagen: »Für zwei Minuten im Fernsehen oder eine Seite in einer Illustrierten können die Jungs mit mir machen, was sie wollen.«

Trotzdem: Der Besitz einer Kamera befreit nicht von der Pflicht zur Höflichkeit. Weder den Berufsfotografen noch den Touristen. Der Merkspruch unserer Großmütter »Was du nicht willst, das man dir tut, das füg auch keinem anderen zu« passt nicht immer, ist in diesem Fall aber goldrichtig.

Über den Umgang
mit Geschenken

Darf man Geschenke gleich auswickeln? Darüber wird in Benimmbüchern heftig gestritten.

Für Hilde Heinemann, die Frau des ehemaligen Bundespräsidenten Gustav Heinemann, war das gar keine Frage. Es gibt ein Pressefoto von ihr, auf dem sie in hellem Kostüm und mit damenhaft geschlossenen Knien in der ersten Reihe sitzt und versonnen lächelnd ihr Staatsgeschenk auspackt, während ihr Mann bei seinem ersten Staatsbesuch in den Niederlanden die Dankesrede hielt. Was es war, kann man nicht erkennen. Ist auch gleichgültig, denn wer weiß, ob sie es behalten durfte.

Als Lady Di noch Fürstin von Wales war, bekam sie in aller Öffentlichkeit ihre Lektion über das Annehmen von Untertanengeschenken: Ein Juwelier hatte ihr einen Ring dediziert, den sie mit Recht so prachtvoll fand, dass sie ihn sofort an den Finger steckte. Er funkelte jedoch so sehr, dass es auffiel, und Diana musste ihn schleunigst wieder abstreifen – der Ring besaß einen Wert von etwa 20000 Euro. Ein Sprecher des Buckingham Palastes erklärte laut dpa: »Die Princess of Wales hat sich gemeinsam mit dem Geschenkgeber mit einer Auktion für wohltätige Zwecke einverstanden erklärt. Sie ist auf den Wert des Ringes aufmerksam gemacht worden und auf die Tatsache, dass Mitglieder der Königsfamilie keine derartigen Geschenke annehmen.«

Das Weiße Haus verfügt offensichtlich nicht über einen solchen Sprecher, denn die Clintons haben keinen ähnlichen Brief erhalten, sondern mehr als die ihnen persönlich gewidmeten Staatsgeschenke eingepackt und das Weiße Haus leerer zurückgelassen, als es sich bei ihrem Einzug präsentiert hatte.

Geschenke erhalten
die Freundschaft –
und enthüllen
den Charakter.

Ein deutscher Bundeskanzler bekam von einem Potentaten aus tropischen Gefilden einen Elefanten geschenkt. Was mit solchem Tier und seinesgleichen geschieht, ergibt sich schon aus dessen Natur und Nahrungsbedarf, und der Kanzler mag froh gewesen sein, als ihm ein zoologischer Garten das Staatsgeschenk abnahm.

Werden Politikergattinnen dagegen im Orient beim Damenprogramm in den Harem geladen, so können sie funkelnde Schmuckgegenstände, die sie vielleicht als kleine Aufmerksamkeit in ihrer Teeserviette finden, sehr viel eleganter in ihre Handtasche gleiten lassen, und keiner hat's gesehen und keiner kann nachfragen.

Nach dem Protokoll der Hansestadt Hamburg darf man alles mit nach Hause nehmen, was schätzungsweise nicht mehr als 25 Euro gekostet hat.

ÜBER DEN UMGANG
MIT WEISSEN SOCKEN

Wie hält es der Herr mit den Socken? Passt jede Socke zu jeder Gelegenheit?

Beim eleganten Herrenausstatter kann man hübsche kleine Nachschlagewerke erwerben, in denen sorgfältig aufgezählt und zweifelsfrei dargestellt wird, welche Weste ein Mann, der als Herr bezeichnet werden möchte, zum Frack oder zum Lodenjackett tragen kann und darf. Welches Hemd dazu passt und welche – siehe oben – Socken.

Nun gibt es Socken aber auch im Kaufhaus zu kaufen, wo niemand über die Sockenkorrektheit wacht, sondern nur über den Umsatz. In diesem Kaufhaus werden beispielsweise Socken mit eingewebten Mustern angeboten. Schwarzer Grund, roter Weihnachtsmann. Haha, sagen die Kunden, das ist mal was anderes! Kaufen sich Weihnachtsmannsocken, zeigen sie stolz den Kollegen, Brüdern, Vätern, Freunden, und schon lebt ein Teil der männlichen Bevölkerung in farblich korrekten, dekorativ jedoch einfach unmöglichen Socken.

Ich will jetzt die Sache nicht übertreiben und einen der Käufer denken lassen: »Schwarze Socke – passt zum Smoking!«, so dass unser Weihnachtsmännlein zwischen lauter seidenen schwarzen Herrensocken in Lackschuhen bei einem Firmenjubiläum für Verwirrung sorgt. Ich möchte lediglich, dass der Blick einer Person, die es mit dem korrekten Benehmen genau nimmt, auf diese Socken oder auf Osterhasensocken oder Mickymaussocken oder kunterbunte Ringelsocken fällt.

Diese Person lacht natürlich nicht, sondern erbleicht. Sie würde nicht minder erbleichen, wenn der Betreffende weiße Socken (zum Büroanzug) oder gar keine Socken (zum Büroanzug) trüge. Und handelte es sich gar um den Ehemann, Geliebten oder Sohn, würde sie die Socken in den Sondermüll werfen und dem Ehemann, Geliebten oder Sohn taktvoll die korrekte Fußbekleidung hinlegen.

So streng und genau sind die Kleidervorschriften für Herren. So genau können sie genommen werden, von der Krawatte bis zu den Pampuschen. So blindlings kann man sich darauf verlassen. Überall. Es sind fast die letzten absoluten Regeln der bürgerlichen Gesellschaft und des Abendlandes, und sie sind international. Bei einem Staatsbesuch in Japan stimmen die Socken und Westen ebenso wie beim Empfang einer Industrie- und Handelsgesellschaft in Rom oder Wien – sofern bei einem zerstreuten Herrn die Ehefrau oder der Kammerdiener oder der Protokollbeamte aufgepasst hat.

Diese Regeln gelten als absolut, doch werden sie außerhalb des Diplomatischen Corps oder der so genannten Gesellschaft eingehalten?

Eine Fernsehreportage folgte der Rundreise einer Lehrerin für Umgangsformen und zeigte, wie den Angestellten der örtlichen Sparkasse oder Stadtverwaltung vorgetragen wurde, wie man grüßt, jemanden anredet und sich kleidet. Zum Thema Socken: »Weiße Socken sind natürlich unmöglich ...« Die Kamera schwenkte unter den Tisch des Seminarraumes und siehe da: Einige Teilnehmer trugen weiße Socken. Nachdem die Lehrerin wieder in ihr Auto gestiegen und zum nächsten Unterricht davongefahren war, fragte die Reporterin einen der Träger weißer Socken:»Werden Sie die weißen Socken nun nur noch zum Tennisspielen anziehen?« Ein mürrischer Blick auf einen Kollegen:»Müssen wir jetzt Tennis spielen?« Allgemeines Gelächter.»Ich zieh die Socken an, die ich habe, da gibt's gar keine Diskussion«, sagte der eine. Und ein anderer:»Was gehen diese Dame meine Socken an? Ich schreib ihr ja auch nicht vor, dass sie sich lila Strümpfe anziehen soll!«

Vielleicht wäre die Reaktion auf die Sockenkritik anders ausgefallen, wenn nur ein Einziger die diskriminierten Socken getragen hätte. Zwei oder mehr Personen machen jedoch, wie man sieht, die Ausnahme von einer Regel schon zu einer neuen Mode. Oder anders ausgedrückt: Sie verändern die Konvention, die stillschweigende Übereinkunft über das, was wir schicklich finden. Dabei geht es meist um Erheblicheres als Socken, aber diese Dinge sind so alltäglich und sinnfällig, dass sie gut als Beispiel dienen können.

> Zwei oder mehr Personen machen die Ausnahme von einer Regel schon zu einer neuen Mode.

Als der Prince of Wales vor etwa einem Jahrhundert bei einem Regenguss seine Hosenbeine umkrempelte, damit sie nicht nass würden, krempelten sich flugs und untertänigst die Herren bei Hofe ebenfalls die Hosenbeine um – und schon war die Mode der Hosen mit Aufschlag entstanden.

Bleiben wir bei Königs: Hatte ein König eine Mätresse, so nahmen sich seine Vasallen und Fürsten gleichfalls die Freiheit und hielten sich Damen zum reinen Vergnügen. Das war in den Zeiten des so genannten Absolutismus, in denen die Herrscher und Fürsten Leibeigene besaßen und die anderen Untertanen zumindest politisch ebenfalls kaum etwas zu sagen hatten.

Heute sind die demokratischen Staats- und Verwaltungs-
formen schon ein paar Menschenalter in Gebrauch, weshalb
sich in der Beurteilung unseres Verhaltens und Benehmens
einiges geändert hat, auch in Hinsicht auf Damen.

Ein Leser der »Frankfurter Allgemeinen« bezog sich im
Januar 2001 auf folgenden Satz eines Feuilleton-Artikels:
»Und deshalb wollen wir heute im Falle unseres verliebten
Verteidigungsministers einmal auf die obligate Rücktritts-
forderung verzichten.«

Daran knüpfte der Leser die Frage: »Warum eigentlich
verzichten? Wie weit muss es denn noch mit der Moral
der Verantwortung tragenden Repräsentanten Deutschlands
kommen, um einen Rücktritt zu fordern, wenn sie schon
nicht von selbst darauf kommen, der Öffentlichkeit ein derartiges geschmack- und taktloses Auftreten zu er-
sparen. Neunundzwanzig Jahre verheiratet, Vater
von drei Kindern und noch nicht geschieden, tritt der
Verteidigungsminister mit seiner Geliebten, früher
nannte man das Verhältnis, im Fernsehen auf und
benimmt sich wie ein pubertierender Primaner. Gerade der Verteidigungsminister, der als Vorbild und Vorge-
setzter junger Soldaten in besonderer Verantwortung steht,
sollte wissen, wie man sich auch heute noch benimmt, ohne
sich vor der Truppe und der Öffentlichkeit lächerlich zu
machen. Der Bundeskanzler hätte gut daran getan, seinen
Minister sofort zu entlassen, dann hätte er mehr Zeit für
die Liebe.«

In diesem Leserbrief wird dem Minister eine zweifache
Verletzung der Benehmensregeln vorgeworfen, und der Au-
tor versteht seinen Vorwurf als moralische Mahnung: Vergiss
bitte nicht, du so genannter Staatsdiener, woher das Geld
kommt, das du verreist! Und: Wie steht es mit dem Ehever-
sprechen, das du vor geraumer Zeit gegeben hast?

Extrawürste sind
gut auf dem Teller,
aber schlecht für
den Ruf.

In diesem Fall wird also keine Regel verworfen oder gar nicht mehr ernst genommen, sondern es wird ganz im Gegenteil inmitten allgemeiner Lässigkeit im Umgang mit Steuergeldern und Gelöbnissen ausdrücklich betont: Junge, pass auf, was du machst! Diese Regeln gelten weiterhin, das wollen wir dir mal ganz deutlich sagen!

Das ist eine konservative Haltung, denn »conservare« heißt »bewahren«. Unsere Sitten und Umgangsformen bewahren das Bewährte. Das Nichtbewährte wird dagegen gar nicht groß umkämpft, es wird einfach aufgegeben und vergessen.

Und nun sind wir wieder bei den Socken. Die Träger korrekter Socken halten sich an das Bewährte und haben die Vernunft auf ihrer Seite. Denn wenn man weiße Socken trägt, im Büro, auf der Straße und meinetwegen auch abends, dann muss man damit rechnen, dass der Dreck, durch den wir wandern, deutlicher an ihnen zu sehen ist als an dunkelblauen oder braunen oder schottisch karierten. Wahrscheinlich müssen sich weiße Socken deshalb mit den Sportplätzen begnügen: angezogen, durchgeschwitzt, in die Wäsche.

Und das ist die nächste eiserne Sockenregel: Saubere Weihnachtsmannsocken sind besser als schmutzige korrekte. Der allerletzte Sockensatz: Nicht jeder hat es gern, wenn sein Mitreisender die wie auch immer gearteten Schuhe oder Stiefel auszieht und die besockten Füße vertrauensvoll neben einen legt.

ÜBER DEN UMGANG
MIT TITELN

»Guten Morgen Herr Doktor!«, sagte vor Jahren die alte Frau, die unser Stiegenhaus putzte, zu meinem Mann. »Guten Morgen«, erwiderte er, »aber der Doktor ist meine Frau!«

Daraufhin herrschte zwischen beiden tagelanges Schweigen, bis die Alte schließlich »Guten Morgen Herr Professor!« grüßte. Für sie war die Welt wieder in Ordnung, und keiner hatte den Mut, sie erneut zu korrigieren.

Akademische Grade (die man sich mit einer wissenschaftlichen Arbeit erwirbt) erheben – das ist das Sonderbare – sogar heute noch auch denjenigen, der neben den Besitzern derselben lebt. In einer Professorengesellschaft aalte sich einmal ein Kreis von Damen so wollüstig in der Verwandtschaft mit allen möglichen Trägern akademischer Grade, dass eine Außenseiterin schließlich verzweifelt einwarf: »Meine Tochter ist mit der Tochter von Professor X in einer Klasse!« Und der so oft karikierte Herr Baron in Österreich ist nichts als der hartnäckige Wunsch der Kellner, die Welt möge weiter aus feschen jungen Leuten aus bekannten Familien bestehen – Kunden, die außer Trinkgeld eine Geschichte hinterlassen.

Man mag sagen, was man will: Je mehr Demokratie wir haben, desto mehr zehrt es an den meisten, wenn sie nicht über das verfügen, wodurch sie sich von ihresgleichen unterscheiden und mehr als gleich sein können.

So ist es nur logisch, dass Chemiekonzerne Akademiker an den Schreibtischen wollen und dass die Juristen in Großbanken hören:»Es ist ja nicht wichtig, aber es wäre doch ganz nett, wenn Sie Ihren Doktor machten...« Einem jungen Mediziner in der Ausbildung wird im Krankenhaus ein Schild mit seinem Namen an die Brust geheftet, vor dem bereits der Doktortitel steht, den er noch gar nicht hat.»Das müssen wir wegen der Patienten tun«, lautet die Antwort auf seinen Protest,»sonst werden Sie gar nicht ernst genommen.«

Und als ein weiblicher deutscher Gast zwischen zwei österreichischen Hofräten ganz glücklich seufzte:»Das hab ich mir immer einmal gewünscht, zwischen zwei Hofräten sitzen zu können!«, da zuckte der eine schmerzlich mit der Lippe, denn nur er war der echte, der wirkliche Hofrat, verdienstvoller Beamter, während der andere den Titel aus weiß der Himmel welchem Grund verliehen bekommen hatte.

Wer einen Grad erworben hat, braucht deswegen nicht titelsüchtig zu sein.

In der Tat: Ob Barockgesellschaft mit dem Drang zu mehr Ansehen und vielleicht auch Freiheit durch einen höheren Titel, ob Wohlfahrtsstaat, in dem persönliche Leistung zählt: Was übertrifft den Titel als Mittel, Unterschiede zu signalisieren? Edelkarossen, Butler, Bibliotheken, Jagden, Zweitschlösser und Drittehefrauen kann sich schon lange jeder leisten, der nur viel Geld verdient. Ein Titel oder ein Grad aber ist von so schöner und abstrakter Sinnlosigkeit, dass er alle anderen Prestigesymbole in den Schatten stellt.

Früher waren solche Auszeichnungen sichtbar. Der Talar, das Gold, der Pelz, der Degen, selbst die Perücke machten weithin deutlich, wer da kam und was er war. Heute kann man es nur auf seine Visitenkarten und auf das Türschild drucken lassen: Herr Dr., Frau Präs., Herr Direktor. Und man muss es sagen und sagen lassen. Die Kränzchenschwestern meiner Großmutter wurden noch unbefangen Frau Major, Frau Amtsrat oder Frau Geheimrat genannt. Heute amüsiert es lediglich, wenn man auf bayerischen Bauernfriedhöfen Frau Lokomotivführerwitwe liest oder in der Schweiz die Ehefrau des Arztes als Frau Doktor kennen lernt.

Damit ist es im Norden mehr vorbei als anderswo. In Hamburg würde man sich nicht wie in München für sagenhafte Summen Adelstitel kaufen. Dafür gibt es dort für eine gar nicht so erkleckliche Summe Dissertationen zu erwerben, die den akademischen Laufgang zumindest verkürzen.

Unterdessen wird auch ein Arzt längst nicht mehr von allen Patienten mit Herr Doktor angesprochen, sondern mit seinem Namen. Korrekt ist es freilich nach wie vor, Akademiker mit dem Grad anzureden. Ganz förmlich: Grad ohne Namen; schon vertraut: Grad mit Namen. Und wenn jemand zwei Grade hat, so gilt als Regel, dass nur der höhere benutzt wird. Den Professor Doktor redet man also schlicht »Mein lieber Herr Professor« an.

Ich erlebe es immer wieder, wie schwer die Entscheidung bei Grad und Titel wird. Welcher schlägt wen? Gewinnt der Adelstitel oder der akademische Grad, den ich mir nicht ohne Fleiß und Anstrengung erarbeitet habe? Und wenn ich dann doch als einfache Gräfin zwischen den Dres. oder Prof. Dres. stehe, kommt es mir merkwürdig vor. Manchmal steckt der banale Grund dahinter, dass keiner mehr weiß, wo was hingehört und sich nicht traut – was korrekt wäre –, den akademischen Grad ganz nach vorn zu setzen.

Das gilt allgemein: In den letzten Jahrzehnten hat man das Titelspiel so lässig gehandhabt, dass heute fast nur noch die Mediziner wissen, dass sie sich üblicherweise gegenseitig nur mit ihrem Namen ansprechen. Wer ein Doktor von einer anderen Fakultät ist, redet alle anderen akademischen Kollegen nicht mit dem Grad allein, sondern mit Grad und Namen an, also Frau Dr. Nelke. Nur wenn man sich ein bisschen besser kennt, macht man's wie die Mediziner: Frau Dr. Nelke, die Medizinerin, sagt dann Frau Lilie zu Frau Dr. Lilie, der Philologin.

Das geht nach Belieben, und dieses freiwillige und dennoch streng geregelte Abbauen und Entblößen von selbst wohlverdientem äußeren Zierrat war noch vor einem Menschenalter ein höchst sublimer Prozess zwischen Achtung und Herablassung, Belohnung und Freundschaft. Wer zu wem was sagen durfte und wie er selbst gestattete, genannt zu werden, das hatte so viele Schattierungen, wie man es dann gar nicht mehr schätzte.

Sicher: Eine Prinzessin X auch als einfache Ehefrau Y mit Ihre Königliche Hoheit Frau Y zu titulieren, das ist skurril, und Herr und Frau Y müssen sehen, wie sie damit zurechtkommen. Und gewiss hat ein Titel nichts mit dem wahren und oft ach so verborgenen Wert eines Menschen zu tun. Nur: Wenn jemand auch die äußere Bezeichnung seiner Person mit dazu einsetzt, um seine Beziehungen zur Mitwelt zu bestimmen, zu wandeln und zu pointieren, so erscheint mir das ein billiges Verlangen.

Wenn man unbedingt getitelt werden möchte, so kann man gratis und frei zum Direktor greifen. Frau Direktor ist nicht nur Schulleiterin, sondern kann eine Firma dirigieren. Und der Herr Präsident kann dem Bundestag vorstehen wie dem Verein der Taubenzüchter oder einem der vielen Bürgerverbände, die sich freiwilliger Arbeit widmen. In diesem letzten Fall ist es

»Herr Direktor« passt immer und ist erlaubt, auch wenn's nicht stimmt.

vielleicht ein kleiner Lohn für den Einsatz. In allen anderen Fällen schmückt es. Und man sollte keine Chance vertun, die kargen und groben Ausdrucksformen unseres Alltags ein wenig zu bereichern. Allzu ernst muss man die ganze Geschichte trotzdem nicht nehmen.

Als PS die Frage einer meiner Leserinnen: »In meiner Familie gab es die Diskussion, ob ein promovierter Klassenlehrer handschriftlich mit Dr. Sowieso unterschreiben kann oder ob dies schlechter Stil sei. Nach meinem Empfinden könnte von der Sekretärin unter der Zeile für die Unterschrift ein maschinengeschriebener Dr. Sowieso stehen. Doch die handschriftliche Unterschrift sollte ohne Titel sein.«

Ja, so könnte es sein und so ist es bei Briefen mit einem Briefkopf üblich, der nicht mit Namen und Anschrift des Briefschreibers identisch ist. Schreibt aber dieser Lehrer nicht im Namen oder im Auftrag (und unter dem Briefkopf) seiner Schule, dann greift er zu seinem eigenen Briefpapier, auf dem der persönliche Briefkopf steht, gedruckt oder von ihm getippt, samt dem betreffenden akademischen Grad, Namen und Anschrift. So weiß alle Welt: Aha, der Lehmann ist Doktor! Und der Dr. Lehmann unterzeichnet schlicht und bescheiden mit Lehmann – obgleich der akademische Grad Bestandteil des Namens wird! Einmal Doktor, immer und überall Doktor. Aber unsere Universitäten haben uns diesen Grad nicht verliehen, damit wir damit angeben!

Es kann natürlich auch sein, dass der Lehrer erst so kurze Zeit ein Doktor ist, dass er sich gar nicht beherrschen kann, es ununterbrochen kundzutun. Dann muss man es ihm nachsehen.

ÜBER DEN UMGANG
MIT RÖCKEN UND HOSEN

Alles wandelt sich. Alles kommt und geht und kommt wieder, und manchmal kann man entzückt verfolgen, dass der Mantel von vor zehn Jahren wieder als hochmodern gilt und es außerdem in oder cool oder hipp oder was auch immer ist, Kleider zu tragen.

Als eine Redaktionssekretärin zum ersten Mal in einem Kleid mit weit schwingendem Rock durch den Flur schlenderte, pfiffen die Redakteure hinter ihr her.

»Kerls«, sagte sie verächtlich.

»Die sehen zum ersten Mal deine Beine«, bemerkte eine Kollegin.

»Benehmen sich die nicht furchtbar?«, fragte das Mädchen im Kleid.

Und warum sind die Kerls so furchtbar? Natürlich aus Spaß und dieser typischen kollegialen, meist liebevollen Lust am Spotten und Uzen.

Zweitens wegen dieses gewissen Schocks. Jahrelang blaue Jeansröhren und dann plötzlich Beine pur. Daran muss man sich ja erst gewöhnen. Also stößt man verblüfft die Luft aus. Sicher, Beine sieht man am Strand, auf der Joggingstrecke und sonst wo zuhauf, doch im Büro wirkt der Rock wie ein Schock, weil Hosen Beine umhüllen, Röcke sie aber umspielen. Das macht die Jeans nach Jahren ihrer Universalherrschaft schlagartig wieder zu dem, was sie sind.

Für Frauen stellten sie ein emanzipatorisches Hilfsmittel dar. Klar, Marilyn Monroe wirkte in Jeans sexy – die meisten ihrer mit einem weniger aufregendem Po gesegneten Geschlechtsgenossinnen sahen dagegen nur wie Frauen in Hosen aus. Jeans erwiesen sich als ungemein praktisch bei Demos und Sit-ins und Lichterketten in kalten Nächten. Sie hielten schön warm, es konnte einem keiner unter den Rock greifen und sie signalisierten, dass man dazugehörte. Damals banden sich auch die Männer, die nichts von revolutionären Ideen der Zeit hielten, in affenartiger Geschwindigkeit die Krawatte ab, kamen in T-Shirts und Jeans, die ihnen von den Wohlstandsbäuchen nach unten rutschten, ins Büro und bewiesen damit sich und der Konkurrenz, dass sie zumindest kleidungsmäßig wussten, was angesagt war.

Hosen: nicht nur Kleidungsstück, sondern Helden einer universalen Revolution und Sittengeschichte.

Damals, in dieser ersten Jeanszeit, erzählte ein Kollege nicht ohne Stolz, sein Sohn habe sich geweigert, ihn im anständigen Anzug ins Konzert zu begleiten. Da habe er, der Vater, halt ebenfalls die Jeans und den Rollkragenpullover angezogen. Der Sohn war seinerzeit wilde fünfzehn und ist heute – also, es ist schon eine Weile her. Doch so hat der Verrat begonnen.

Erst kürzlich hat mir ein anderer Vater berichtet, seine Kinder, die als Austauschschüler in den USA gewesen waren, erwarteten nun nach ihrer Heimkehr, der Vater solle sie ausstaffieren wie die US-Puppenstubenkinder aus den Goldenen Zwanzigern (mit einem Hauch Weißem Haus). Wie ich das denn fände: Tuxedo und Cocktailkleid und weiße Flanellhosen und steife Hemdkragen ...

Ich, ehrlich gesagt, finde es schön, wenngleich mir der arme Vater Leid tut, denn das Zeug ist teuer – und dann gleich für zwei –, und wie rasch sind die jungen Leute aus solchen Sachen rausgewachsen Und ich weiß ebenso gut, dass nicht unter jedem aufgestickten Wappen eines Sportclub-Blazers oder einer gestärkten Hemdbrust ein aufrichtiges Herz schlägt. Aber spricht das gegen das Hemd?

Und was spricht gegen das anmutige Schwingen eines weiten, langen Mädchenrockes? Was gegen das gewisse Geräusch, das Seide bei jeder Bewegung von sich gibt und das unsere ärmliche Sprache mit Rascheln bezeichnet oder mit Knistern. Welkes Laub raschelt gleichfalls und Feuer knistert, doch taftige Seide spricht so sanft und sinnlich, dass sich die ziemlich geräuschlosen Jeans überhaupt nicht damit messen können.

Ich finde es auch schön, Söhne und andere junge Menschen zwischendurch einmal in Frack und Smoking zu sehen. Keine Aufregung! Beide Sorten kann man sich leihen, und das tun die Leute auch in frackfreundlicheren Gegenden wie Paris oder Wien mit größter Selbstverständlichkeit. Denn wenn sie das gute Stück aus gesellschaftlichen oder beruflichen oder anderen zweckhaften Gründen tragen müssen und nach einiger Zeit wieder aus dem Schrank holen, so sind sie unterdessen bereits so gut gepolstert, dass das Gewand längst nicht mehr zeigen kann, wie es gedacht war. Das ist allerdings kein Grund, den Smoking zu verteufeln: Schwarz und Weiß aus Lebensfreude, als Augenschmaus, ist das nicht der beste Zweck?

Als der Krieg vorbei war, stiegen wir in das, was in irgendwelchen ausgelagerten Koffern der Eltern oder in einer Mottenkiste der Großeltern zufällig übrig geblieben war. Brüchige Seide. Stockfleckiges Tuch samt dem Muff von Mottenkugeln. Das hielt gerade noch ein paar Feste lang. Hielt, damit wir die Wonne auskosten konnten, am Leben zu sein, endlich keine Uniformen mehr tragen zu müssen, frei zu sein für eine Zukunft, die – so glaubten wir – eigentlich nur unvergleichlich werden konnte.

Dann verfielen Seide und Batist, die Mottenlöcher im schwarzen Tuch ließen sich nicht mehr vertuschen, und dann war auch dieser mürbe Glanz von einst das erste Mal verpönt. Damals, als das Geld »wieder etwas wert war« und deutlich wurde, wer welches hatte und wer nicht, da wurde das Äußere sofort wieder etwas, das Bedeutung besaß und mehr ausdrückte als Freude am Körper, an Eleganz, an den Farben und Stoffen. Was damals schmückte, musste »ein Kleid von Dior« sein, nagelneu und auf den ersten Blick als teuer auszumachen.

Noch fand man sichtbare Labels ordinär, aber einer meiner ersten Chefredakteure ließ sich von seiner Sekretärin das C&A-Label aus der Jacke raustrennen und stattdessen das eines damals namhaften Herrenausstatters aus der alten Jacke (die auch nicht von diesem Herrenausstatter stammte) hineinnähen.

Das Ende der ersten Freiheit?

Man soll unseren so vergänglichen äußeren Hüllen nicht allzu viel Symbolkraft zumessen. Doch es stimmt natürlich: Wenn es keine Gesellschaft gibt, die Zeichen setzt, entwickeln sich diese Signale von ganz allein aus dem, was von einem zu sehen ist.

Das war die andere Art der Uniform: Das kleine Schwarze. Der Abendblazer. Dazu die ersten regionalen Differenzen: Beige in Beige in Hamburg und Strass an der Abendkleidkorsage im prunkliebenden München. Und je ernster und inniger das betrieben wurde, desto leichter hatten es die Jungen mit dem Protest. Sie brauchten nur aufzuhören, sich und ihre Hüllen zu waschen oder diese zu wechseln. Ein bisschen fettiges Haar und schweißparfümierte Sackpullover, das reichte schon. Ziemlich langweilig, keine Herausforderung an die Fantasie. Wirklich nur ein Sichgehenlassen. Und: welch trübseliger Verzicht auf eine der schönsten Möglichkeiten, festlich zu feiern, sich selbst unverwechselbar zu machen!

Unterdessen haben die Kleiderfabrikanten längst gemerkt, wie teuer sie Jeans verkaufen können. Aber es wird fernerhin wieder registriert, dass Kleider ebenfalls schmücken können, dass man einem Anlass – und der eigenen Person – durch Rock und Rüsche gerecht werden kann.

Es ist merkwürdig, je mehr möglich ist, desto mehr neigt der Mensch dazu, sich bis zur Sprachlosigkeit zu verweigern. Doch irgendwo scheint auch dafür eine Grenze zu liegen. Irgendwann lassen sich Sinne und Gefühl nicht mehr ersticken. Also, breitet den Kindern die bunten Stoffbahnen zu Füßen! Pufft den Mädchen die Ärmel! Werft Falten und knistert mit Seide. Das Leben ist wahrhaftig mehr als blaue Baumwolle. Und ein Abendkleid sollte nicht nur beim Opernball mehr sein als ein langer schmaler Schlauch.

Man kann einem Anlass, aber auch der eigenen Person durch Rock und Rüsche gerecht werden.

Bei Hochzeiten verwandeln sich junge Frauen ohne Rücksicht auf die Kosten in Märchenprinzessinnen, und die Bräutigame stehen ihnen in nichts nach. Kaum ist das Fest jedoch vorbei: Freizeitkleidung und dinosaurierähnliche Turnschuhe. Aber man braucht wohl eine Zeit, um sich von der Jeanshaftigkeit zu befreien. Wie man sich wirklich kleidet, sieht man freilich nicht bei den so genannten Galas der Medien- und Fernsehempfänge, sondern eher in unseren europäischen Nachbarländern.

Über den Umgang
mit Reisebekanntschaften

In den meisten Fällen kann man gar nichts gegen sie machen. Man gerät an sie so wie an die eigene Familie: ohne die Möglichkeit, sie selber auszuwählen.

»Guten Tag, ist hier noch ein Platz frei?« Nicken, Gepäck verstauen, und schon ist es geschehen, schon ist man ihnen ausgeliefert, den Reisegefährten. Manche schweigen und schlafen und lesen. Manche stinken. Manche bieten einem sofort Stulle, Schokolade, Schnaps oder die Meinung zur allgemeinen Weltlage an. Manche spannen einen ebenso unumwunden in die Mitarbeit am Kreuzworträtsel ein – wie Menschen halt so sind.

Im Gegensatz zur eigenen Familie hängt es jedoch ganz von der persönlichen Reaktion ab, was aus diesem zufälligen Zusammengewürfele wird. Ich kann alle Schotten dicht halten und einfach nur mitreisen. Oder ich kann lächeln und damit das erste Signal geben, dass ich bereit bin, eine Reisebekanntschaft zu machen oder zu werden. Zurückhaltenden Naturen krisselt sich jetzt das Fell und sie denken: Wie entsetzlich! Ich reise doch nicht, um mir von fremden Leuten ihre unerheblichen Geschichten vorschwatzen zu lassen! Ich will meine Ruhe haben!

Nun, auch ich habe gewöhnlich ein Buch in der Tasche, ob ich beruflich unterwegs bin oder zu meinem persönlichen Vergnügen. Aber das läuft mir nicht davon. Ich finde Menschen manchmal interessanter. Zugegeben, man stößt mit schöner Regelmäßigkeit auf solche, die sich nach den ersten Sätzen als ewige Besserwisser oder Stammtischdröhner entpuppen – dann kann man ja immer noch freundlich nicken und das hilfreiche Buch aufschlagen. Kurz darauf hört das Gedröhne auf, und wenn der Dröhner beleidigt ist, so ist das seine Sache.

Reisebekanntschaften kann man sich nicht aussuchen. Doch muss man sie ertragen?

Doch welches Vergnügen, in einem – sagen wir – italienischen Zug, etwas langsamer vielleicht als ein Direttissimo, Fragen über das Woher und Wohin, besonders über das Warum gestellt zu bekommen. Lauter Fragen, die man dann zurückgeben kann. Und schon hab ich den Kopf voller Informationen und Geschichten. Und wenn zu viele junge Fante ihre Federn spreizen, zückt sicher ein würdiger Reisegefährte im Silberhaar seinen Pass, deutet auf das Vedodo, Witwer, und empfiehlt sich damit als der einzig Zuverlässige.

Das ginge nur, wenn man die Sprache spräche? Im Prinzip ist das natürlich richtig. Aber in solchen Situationen merkt man erstens, wie viele Wörter fremder Sprachen durch unsere allgemeine Internationalität, durch Schlagertitel und Fernsehnachrichten, vom Essen und Trinken ganz zu schweigen, uns bereits vertraut sind. Und zweitens: dass überall einer oder eine Englisch kann oder schon einmal in Hamburg Nieten gekloppt oder in Lörrach Baumwolle gesponnen oder gewirkt hat. So eine vergnügte Radebrecherei verrät oft mehr über Land und Leute als der Baedecker – nur was hat das denn mit Reisebekanntschaften zu tun?

Ich glaube, jede Art der Bekanntschaft beginnt mit einem Gespräch, mit dem offenen oder versteckten Abtasten und

Prüfen: Bist du wer, mit dem ich umgehen möchte? Findest du das schön, was mir gefällt? Schmeckt dir das, was ich gern esse? Hältst du das für richtig, was mich die Erfahrung als gut zu betrachten gelehrt hat? Da spielen die Nation und das Alter keine Rolle. Auch nicht das Geschlecht und die soziale Stellung. Auf Reisen lebt jeder in einer Zwischenwelt, für den Augenblick frei von manchem, was uns sonst als Zwang hemmt und verklemmt, frei zugleich von vielen Rücksichten, also offener und unvoreingenommener als daheim.

Macht mir das nicht über die Reise die Welt bekannt? Soll ich das nicht nutzen? Wo habe ich denn sonst Gelegenheit, so total aus meinen Gewohnheiten und Verkrustungen herauszutreten? Wo kann ich mich so heiter und freundschaftlich belehren lassen? Und irgendwann sind meine Gesprächspartner oder ich am Ziel meiner Reise. Ein freundlicher Gruß, und mit der Reise hat auch die Reisebekanntschaft ihr Ende gefunden.

Etwas anders sieht es bei Urlaubsbekanntschaften aus. Das sind Fremde, mit denen man acht oder vierzehn Tage zusammen im selben Rundreisebus sitzt oder im selben Hotel – vielleicht sogar am selben Familienpensions-Esstisch. Das ist eine größere Nähe und riskanter. Wer sich zu Beginn zurückhält und dem Fremden nicht gleich alle Ehe-, Familien- und Seitensprunggeheimnisse anvertraut, muss sich nicht später mühsam die voller verfehlter Begeisterung aufgegebene Distanz zurückerobern.

Vierzehn Tage können sehr lang sein, wenn man sich anfangs in der Person der Reisepartner verschätzt hat. Vierzehn Tage können nicht minder öde werden, wenn man sich zu lange zurückhält, so dass sich bereits Gruppen gebildet

haben, die sich einem nicht mehr öffnen. Das ist zwar unhöflich, aber es ist so. Und vierzehn Tage werden genauso
öde, wenn man sich an einen Einzigen geklammert hat, der
einem schließlich keine Luft und Gelegenheit mehr lässt, sich
mit anderen zu unterhalten. Ersprießlich ist es, wenn man
sich zum Beispiel jeden Abend an einen anderen Tisch setzt
oder setzen lässt und sich im wahrsten Sinn des Wortes
vorstellt, also nicht nur den Namen nennt, sondern – sehr
kurz – erzählt, wer man ist und was man macht. Das wäre
früher unmöglich gewesen, besonders für Damen.

Freilich in der alten Gesellschaft kannte jeder jeden. Damen wurden nie vorgestellt und sie stellten sich erst recht
nicht selber vor. Ihnen wurden die Herren vorgestellt, und
wenn dann der Name fiel, zum Beispiel Bredow, so konnten
unsere Damen fragen: »Ach, dann sind Sie sicher mit der Gräfin Bredow verwandt, die diese schönen Romane schreibt?«

Das war damals angemessen, heute jedoch ist unsere
Form praktischer, denn sie gibt den anderen Anknüpfungs-
punkte für das gemeinsame Gespräch, und falls sie sich nicht
vorgestellt haben, kann man nachfragen. So gewinnt man
den Überblick über das gesamte Angebot und muss nicht
einsam herumlungern und hinter den üblichen Cliquen her-
laufen, sondern kennt jeden und kann sich freundlich und
locker zu jedem gesellen, je nach Anlass und Notwendigkeit.

Reisebekanntschaften: Das muss nicht in etwas von Dauer ausarten. Keine neue Verpflichtung, jahrelang mit Leuten,
an die man sich nur schwach erinnert, Neujahrs-
postkarten auszutauschen. Dafür: Eine Begegnung
mit anderen Menschen. Und wenn man das Glück hat
und auf Reisen jemanden trifft, mit dem man tatsächlich Freundschaft schließt – das ist ein Geschenk.
So etwas ist eben immer möglich, und auf diese
Chance sollte man nicht verzichten.

Ein freundlicher
Gruß, und mit der
Reise hat die Reise-
bekanntschaft ihr
Ende gefunden.

ÜBER DEN UMGANG
MIT BARBUSIGEN

Ach, was waren das für unschuldige einfache Zeiten, als man von einem Ausschnitt sprach, der bei anständigen jungen Mädchen und Frauen keinesfalls zu tiefe Einblicke gewähren durfte.

Irgendwann dann blieb den Müttern vor Empörung die Luft weg, weil die Töchter sagten:»Mein Busen gehört mir!« Und in der Zeitung stand unter der Überschrift»Man badet oben ohne!« zu lesen, dass nun der nackteste Sommer seit zweitausend Jahren angebrochen sei.

Heute besteht das, was einstmals Badeanzug genannt wurde, nur noch aus zwei Bändern. Am oberen sind zwei Dreiecke für die Brustwarzen angenäht, am unteren befindet sich eine Art Miniwindel, die sich zwischen den blanken Po-backen zu einem Strick verwutzelt, der eigentlich ziemlich kneifen muss. Doch selbst wenn keine Kleiderregel mehr gilt: Der Satz»Schönheit muss leiden!« stimmt anscheinend noch immer.

Die Sommer sind unterdessen wärmer geworden, und die Winter geben sich als nicht ganz so warme Sommer. So ist es wohl logisch, dass die ohnehin Gewohnheit gewordene Busenfreiheit sich auch in der Mode zeigt, die mutige Models auf den internationalen Laufstegen vorführen und die dann von mageren Stars und Promis bei internationalen Anlässen, die man heute Events nennt, zur Schau gestellt wird.
Diese Models kann man nicht mehr als angezogen bezeich-nen, eher sind sie von irgendetwas, das dem Modedesigner

gerade in die Hände gefallen ist, locker bedeckt. Vielleicht hat man sie vorher mit Uhu besprüht, damit diese Tüll- und Seidentüchelchen an ihrem Leib haften bleiben. Manchmal verschwindet hinter der kunstvollen Drapierung auch der Busen, meist jedoch lugt die eine Brust ganz und die andere – sehr fotogen – halbwegs aus den Glitzerfalten heraus.

Die Busen der Models sind offenbar für das Leben in der Öffentlichkeit irgendwie gestärkt. Wenn eine normale Frau solche teuren Flicken trägt und meint, die Vorderfront ebenfalls frei lassen zu müssen, so ist der Anblick oft erbarmungswürdig. Es reicht für diese Mode eben nicht, einen kleinen Busen zu haben. Er muss zugleich gut in Form sein, weshalb sich viele Damen keinen äußeren Büstenhalter mehr anpassen, sondern der Sache von innen her Stand geben lassen.

> Einen festen Busen kann man sich kaufen. Ist er nun Ware oder Körperteil?

Wie soll sich nun ein Zuschauer in einer solch entblößten Situation verhalten? Wenn er dem baren Busen auf einer Party begegnet, so muss er den Zustand hinnehmen, ohne mit der Wimper zu zucken. Und das tun viele ohne Bedenken, weil diese Mode schließlich in Mode ist.

Doch muss man jede Mode billigen, um mit der Zeit zu gehen? Und: Hatte der Zeitungsschreiber Recht, gab es so etwas wirklich seit zweitausend Jahren nicht? Irgendwie hat sich da wohl jemand verrechnet, wenn man an das Mittelalter denkt und die damals vorherrschende Hautfreiheit in Bad, Bach und Bett. Aber auf historische Genauigkeit kommt es bei diesem Thema scheinbar nicht an, sondern eher darauf, dass uns wieder einmal klar gemacht wird: Im Grunde sind nur wir spätbürgerlichen Abendländerinnen so verklemmt, unsere Brüste zu verbergen. Wem das Thema wichtig genug ist, der kann es so diskutieren, obgleich ein Aspekt von den schreibenden Männern stets übergangen wird. Sie haben das Glück, dass ihr sekundäres Geschlechtsmerkmal so funktionell verpackt ist, dass sein freier Schwung nie zur Debatte steht. Das verleiht, finde ich, dem Motiv der blanken Brust als Symbol für die Freiheit von Zwängen welcher Art auch immer etwas Schiefes und vor allem Voyeuristisches.

Merkwürdig ist außerdem, dass es in der letzten Zeit kaum einen Moderuf gegeben hat, der solche Wirkung zeigte und so die Emotionen traf.

Zu welchen Ehren ein Körperteil kommen kann. Simpel ausgedrückt besitzen wir Menschenweibchen Brüste mit Milchdrüsen, um die Jungen zu säugen und die Männchen anzulocken. Also: zur Erhaltung der Art. Dieser biologische Entwurf hat seit Jahrmillionen so ausgezeichnet funktioniert, dass uns die Bevölkerungsexplosion sozusagen zu einem übergroßen Umschlagtuch greifen lassen müsste, um die Locksignale wenigstens für ein paar Generationen zu verhüllen.

Tun wir es nicht, weil wir ja zur Pille greifen können? Und warum taten es unsere Urgroßmütter mit ihren Untertaillen und Überwürfen und Unterröcken und Schnürmiedern und Shawls? Vielleicht nicht allein aus Prüderie und Verklemmtheit? Möglicherweise aus einem viel tieferen und elementareren Drang heraus, einem jener Instinkte, die Tabus gebaren.

Hierbei handelt es sich natürlich um Spekulationen. Etwas anderes ist eine Tatsache: In unserer Gegenwart, die bis zum Regelblut jedes Tabu abgebaut hat, in der über alles gesprochen und geschrieben wird, passt die Frau mit dem provokativ entblößten Busen zum Mann, der auf einen One-Night-Stand aus ist. Das Signal und die Antwort. Plumpes Verhalten in einer Zeit, in der nur technische Gegenstände so weiter entwickelt werden, dass man von einer Sublimierung sprechen kann. Die Sublimierung, die Verfeinerung des Verhaltens und der Empfindungen, der Anstand und die Form im Umgang miteinander sind auf dem Weg der allgemeinen Befreiungen, im schrillen optischen und akustischen Getöse um uns herum verloren gegangen, als hätte es sie nie gegeben.

Die blanke Brust: Symbol für die Freiheit von Zwängen oder für den Verlust sublimen Verhaltens?

Verloren überdies das Selbstbewusstsein der Frau, die von dem Augenblick an, in dem ihr Brüste wachsen, die Herrin ihrer Brüste ist und es immer war. Es liegt bei ihr, ob sie per Körpersprache nur einen einzigen Urschrei ausstößt und danach keine Steigerungsmöglichkeit mehr hat oder ob sie sich – um im Bild zu bleiben – ein paar Wörter und Modulationen für unalltägliche Gelegenheiten vorbehält.

Prüde? Ach, prüdes Verhalten bedeutet ja nicht die Weigerung, die Brüste in aller Öffentlichkeit hängen oder stehen zu lassen. Und vor allem Moralinsäure wirkt so flächig, dass sie sich nicht nur auf den Busen konzentriert. Sie ist eine Lebenshaltung, ebenso wie ihr Gegenteil, die heitere Selbstsicherheit, private von öffentlichen Sphären abzugrenzen, auf dem Recht auf Intimität und Privatleben zu bestehen und sich nicht darum zu kümmern, was die Zeitungen schreiben und die Leute sagen. Der Preis dafür: Man ist nicht so interessant. Scheinwerfer und Kameras richten sich nicht so flink auf bestimmte Körperteile, die ihre Besitzerin dann als Person auslöschen.

Und darum ist die Sache mit der blanken Brust kein Frauenthema und kein kosmetisches Problem. Es ist das Thema der Manipulierbarkeit von Menschen, die blindlings und gierig nach dem greifen, was sie in Einklang mit allem irgendwie Übergeordneten und allgemein Gebilligten zu bringen verspricht. »Ja eben«, höre ich bei dieser und bei ähnlichen Gelegenheiten junge Menschen sagen, »so werden wir abhängig gemacht. Das ist der Konsumterror. Das kann man halt nicht ändern.« Und zucken die Achseln und machen mit bei Sachen, die sie verwerflich oder albern finden.

Haben sie Recht? Kann man nichts ändern? Kann man unserer Welt wirklich kein anderes Gesicht geben? In diesem Fall wäre es lächerlich leicht: die Brüste wirklich nur dem enthüllen, dem ich sie zeigen will. Ich gebe zu, es wäre wirklich zu leicht – aber gerade deshalb so eine schöne Übung!

Über den Umgang
mit Ehepaaren

Das Paar ist die kleinste Gruppe der menschlichen Gemeinschaft, sei es nun ein Ehepaar, ein Liebespaar oder, wie man heute sagt, zwei Lebensabschnittspartner.

Ein Du und ein Ich, die sich – ja, natürlich: lieben, die aber auch miteinander auskommen müssen. Beim Nägelschneiden und Körperpudern, wenn sie den besser bezahlten Job bekommt als er und er ihr beim Autofahren immer reinredet.

Ein Paar ist der Grundstein der Familie, die Basis unseres Benehmens. Wie die beiden es miteinander halten und miteinander umgehen, ist das Vorbild für ihre Nachkommen. Wenn sie Höflichkeit an den Tag legen und Gewissen zeigen, so ist die Chance ein wenig größer, dass die ihnen Nachfolgenden gleichfalls Höflichkeit als etwas Selbstverständliches betrachten und den Wert des Gewissens in einer Welt erkennen, in der der Mensch als Wolf unter Wölfen bezeichnet wird oder als Hai in Nadelstreifen.

Die Kinder werden am Beispiel der Eltern sehen, dass es zwar unbequem ist, ein Gewissen zu haben, dass und warum sich die Sache jedoch trotzdem lohnt.

Das wären die großen Themen von Manieren und Moral, die Höhepunkte im Umgang miteinander. Am Anfang allerdings steht der Alltag, geht es um kleine Schäbigkeiten oder das was der andere an einem einfach nicht ausstehen kann. Manchmal verrät das lediglich der Klang der Stimme. Sie übertönt alles andere Geschnatter in der Gesellschaft, im Bus, nach dem Konzert. In vielen Fällen verstummen die

Gespräche und das leichtfertige Gelächter ringsum – nur diese Stimme bleibt. Gar nicht besonders laut, aber irgendwie schneidend, sehr höflich, sehr kalt. Kalt? Ach was! So eisig, dass einem das Herz in der Brust erstarrt: Ein Partner macht den anderen fertig.

Der Ton macht die Musik – das gilt auch zwischen Eheleuten und Lebensabschnittspartnern.

Dabei spielen die Worte, die gewechselt werden, keine Rolle. Es ist tatsächlich der Ton, der die Musik macht, der Ton zum Ritual. Je älter die Ehe und die Feindschaft, desto eleganter der Ton, seit vielen Jahren zelebriert und so verfeinert, dass schon das Luftholen vor dem ersten Satz foltert. Immer wieder, obgleich die Beteiligten jedes Stichwort, jeden nur möglichen Einsatz kennen und Freunde auswendig mitsprechen können.

Wie erfrischend, wenn man, wie wir vor vielen Jahren, an einer offenen Wohnungstür vorübergeht und zufällig hört, wie der Hausherr seiner Ehefrau – sie wie er aus so genannten allerbesten Kreisen – erbittert zubrüllt: »Du doofe schizophrene Nuss!« Knall peng. Ein wahres Gewitter mit Donnerschlag, und danach kann man die Sache auf der Stelle vergessen. So wie ich die betreffende Ehefrau einschätzte, hat sie mit ihrem Brüllgatten schon darüber gelacht, als das letzte Donnerecho noch vergrollte.

Doofe schizophrene Nuss! Man stelle sich das vor! Natürlich, das ist eine Wortschöpfung, an der sich die Geister scheiden. Der eine lacht darüber wie die Nuss. Der andere betrachtet die Sache philosophisch und als Argument gegen die Ehe: Stete Nähe reizt zum Mord, und wo fände man denn ein altes oder älteres Ehepaar, dass sich nicht gegenseitig hinter dem Rücken des jeweilig anderen verhöhnte und herabzöge? Der Dritte ist schlicht empört: Das ist nun wirklich nicht zum Lachen! Eine ungeheuerliche Beleidigung, eine Verunglimpfung der Frau und ihrer Würde! Jeder Rechtsanwalt würde und könnte ...

Könnte vielleicht. Sollte aber keinesfalls, denn darum geht's ja gerade. Jeder Ehemensch sagt täglich je nach Wortschatz und Temperament ein Dutzend Dinge, die der andere zum Anlass für Hohn und Spott oder Bosheit und allemal Trennung benutzen könnte, da muss nicht einmal geflucht und verunglimpft werden. Die Art und Weise, wie jemand die Zahnpasta aus der Tube drückt, kann stärker reizen als »Schlampe!«, »Schlappschwanz!« oder die »schizophrene Nuss« vor Zeugen. Und wenn man den Ehepartner wegen der Zahnpasta oder der Nuss austauscht, so wechselt man lediglich die Kulissen und den Wortschatz. Der Stil bleibt der gleiche. Der Mensch bleibt der gleiche.

Ich habe das Fluchen und das Zanken und das Sticheln nicht so gern, denn ein erwachsener Mensch sollte wissen, dass man den anderen sowieso nicht ändern kann. Außerdem ist ein gesprochenes Wort zwar flüchtig, doch gerade dasjenige, das man schnell vergessen wissen möchte, besitzt die fatale Eigenschaft, sich für ewig in die Erinnerung einzunisten, wird immer wieder hervorgeholt und kann tiefer verletzen, als man denkt.

Kann sein, dass es Ehepartner gibt, die ohne Streit nicht mehr leben können. Kann sein, dass die derben Polterer besser zu ertragen sind als die leisen tückischen Hasser. Mir ist da schon das »süße Scheißerle« lieber und all die anderen idiotischen Albernheiten, die man in den Hallo-Anzeigen mancher Tageszeitungen entdecken kann: »Zum 70. Geburtstag unserer Pimpelmaus. Ihr Hasi, Schnucki und Muschi.«

Wer ist da wer? Das weiß man freilich beim Nachtschelm und dem Siebenschwein auch nicht genau, die laut Christian Morgenstern die Ehe eingegangen sind. Und Mozarts »Knaller praller Schnip schnap schnur Schnepeperl-Snai« oder »Spitzbub« und »Spitzignas«, wie er sein »liebstes bestes Herzensweibchen« in seinen Briefen nannte, klingen wie »etwas Dummes (für die Welt wenigstens), für uns aber, die wir uns so innig lieben, ist es gerade nicht dumm.« So war es und so ist es. Die Liebe und die Erotik erfinden ihre individuelle Sprache, aber für den Alltag gab sich auch Mozart mit einem schlichten Schatzerl oder Mauserl zufrieden.

Das Reservoir unserer Vergleiche scheint karg und der Ton zärtlicher Intimität ziemlich infantil zu sein. Brauchen wir das als Ausgleich zur Mordlust im Geheimen und zu lauter Zwang und Förmlichkeit in der Öffentlichkeit? Eine ewige Kinderstube des Gemüts voll weicher Kuscheltiere? Und wenn diese kahl und abgegriffen sind wie alte Teddybären, bleibt nur noch Schweigen. »Der Mund läuft leer, die Schweigsamkeit besteht aus neunzehn Sorten, wenn nicht aus mehr...«, meinte Erich Kästner, und man spürt, dass er kein Ehefan gewesen ist. Aber Philemon und Baucis schwiegen ebenfalls, teilten sich ihr tiefstes inniges Einverständnis ohne Worte mit.

Worte können tief verletzen. Doch auch die Schweigsamkeit hinterlässt ihre Spuren.

Als ich vor vielen Jahren ein erstauntes Gesicht zog, weil ein Freund, der eher ein Schlafratz und Pascha gewesen war, für seine gerade geheiratete Frau in aller Herrgottsfrühe und mit allem Drum und Dran das Frühstück richtete, sagte er: »Merk's dir für später. Jede Ehe gibt sich ihre eigenen Regeln.« Ich habe es mir gemerkt.

Über den Umgang
mit Porzellan

Da entbrannte plötzlich ein Ehekrach. Warum? Eigentlich um ein Nichts. Das Ehepaar liebt Geselligkeit und gutes Essen, doch die Ehefrau stellt am liebsten das Essen im Topf vom Herd auf den Tisch.

»Sogar zum Frühstück«, sagt der Ehemann, »bekomme ich das Brot aus dem Silberpapier und die Butter aus der Plastikdose.« Ihm geht das gegen den Strich. »Wozu haben wir denn das Porzellan im Schrank?«

Ja, erfährt er, Schüsseln und Teller sind vorhanden, müssen allerdings abgewaschen werden.

»Und wozu habe ich die Spülmaschine gekauft?« Diese erweist sich als seine und aller Tafelschönheit ärgste Feindin: Sie zerstört den Goldrand, zerkratzt das alte Glas der Pokale, ätzt die Streublümchen ab.

Was soll ein Mann, der nicht selber Teller spülen will, darauf erwidern? Er sagt: »Aber du hast doch Zeit zum Spülen, du gehst nicht ins Büro. Nimm dir ein Beispiel an Tante Ottilie. Sie geht ins Büro und sie deckt trotzdem auf.«

Dieser Streit wogte durch die gesamte Familie und den Freundeskreis, das Ehepaar ist längst geschieden. Und wenn man einmal darüber nachdenkt, muss man sich eher wundern, dass sich zwei Menschen mit so unterschiedlichen Einstellungen überhaupt zusammengetan haben – vom Heiraten ganz zu schweigen. Eine Scheidung wegen Streublümchen war es natürlich nicht. Diese nichtspülmaschinenfesten Dekore gaben nur den letzten Ausschlag.

Begonnen hat die Auseinandersetzung bereits vor Jahrtausenden. Sagen wir: mit dem römischen Geschichtsschreiber Cornelius Tacitus, der seinen – wie er meinte – durch und durch verkommenen Landsleuten die Germanen als unverdorbene Ausbunde von reiner Sitte pries, trotzdem etwas enttäuscht eingestehen und notieren musste:»Ohne Aufwand treiben sie den Hunger aus.«

Da taucht zum ersten Mal in der Literatur die Butter in der Plastikdose auf. Und zum ersten Mal klingt Verachtung für diejenigen durch, die, wie die Römer, ohne Moral leben, aber an prachtvoll gedeckten Tafeln. Andererseits schmerzte es Tacitus offenbar, dass bei seinen bewunderten Wilden zwar edle Sitten, dafür keine Tischmanieren vorherrschten.

Insgesamt: Das Problem ist alt. Und es ist bis heute nicht gelöst. Es taucht außerdem in schöner Regelmäßigkeit mit den falschen Gegensätzen auf. Denn was hat ein nett gedeckter Tisch mit Tugend und Moral zu tun? Die Ästhetik und die Ehre werden sozusagen Tischgesellen. Es geht immer wieder darum, ob es sich erstens lohnt, »mit Aufwand« den Hunger zu vertreiben, und ob zweitens der Hang zur Verfeinerung, zu Blümchen auf Tisch und Tasse nicht doch ein wenig verweichlicht ist und an moralisch Verwerfliches grenzt.

Auf diese Art und Weise hatten die Faulen mächtige Bundesgenossen. Fragt man nämlich: Ist Aufwand wirklich nötig?, so lautet die Antwort natürlich: Nein. Hauptsache, die Essschüsseln sind randvoll. Blumen, echt oder gemalt, Servietten aus Stoff und Extrateller für Brot und Gräten und Salat sind so unnötig wie ein Gemälde von einer lächelnden Frau oder ein Gedicht

Dem Hunger ist es völlig egal, ob eine Schale mit Blumen zwischen den Schüsseln steht.

über den Tod. Ein Apfel schmeckt köstlich, auch »ohne Aufwand« verzehrt. Ein Zipfel Leberwurst, aus fettigem Papier gewickelt, schon weniger köstlich, macht aber ebenfalls – wenn noch nicht verschimmelt – satt.

Ich werde nie in meinem Leben den Teller vergessen, der auf dem weiß gedeckten Tisch stand und mein erster Porzellanteller nach Monaten voller Blechnäpfe, Kriegs- und Kochgeschirr war. Ein einfacher Teller, auf dem zwei Pellkartoffeln lagen. Kultur reicht bis zum Geschirr. Und wenn es tausend Entschuldigungen und Kochgeräte fürs Nichtaufdecken gibt: Wer es nicht tut, verschenkt ein Stück von dem, das wir und die Menschen vor uns der Barbarei abgewonnen haben. Benehmen statt Sichgehenlassen ist eine Weile verpönt gewesen. Doch wer weiß, dass sich die Schrecken auch durch ungedeckte Tische nicht bannen lassen, stellt lieber eine Blume neben die Tasse.

Es gibt viele mögliche Antworten auf die eine Frage: Leben wir nur, um unsere Bedürfnisse zu stillen? Ich weiß, die wahren Werte benötigen keine Emballage, aber der Mensch braucht das Angenehme fürs Auge und fürs Gemüt. Früher hatte man ein Geschirr für den Alltag und eines für die großen Feste, und das trug dazu bei, dass die Kinder begriffen, was Feste bedeuten.

Ist das anspruchsvoll? Ja sicher. Mit dem, was auf dem Esstisch prunkt und glänzt, feiern wir unser Ich mit Leib und Seele, unseren Stand und unsere Tradition, vor allem aber unsere Familie und unsere Freunde. Und das kann man gar nicht oft genug und schön genug tun. Auch wenn man danach alles abwaschen muss.

Über den Umgang
mit Trauernden

Man schlägt die Tageszeitung auf und liest in den Todesanzeigen: »Plötzlich und unerwartet...« oder »Nach langer schwerer Krankheit...«, und man erschrickt.

Ach, deshalb habe ich so lange nichts von ihm gehört. Oder: Das war doch meine alte Kollegin..., und man möchte den Hinterbliebenen spontan ein paar Worte sagen oder schreiben. Früher ging man am nächsten Tag ins Trauerhaus und sprach den Kindern oder der Witwe, dem Witwer sein Beileid aus. Heute sind die alten Gemeinschaften, sei es Familie, Kirchengemeinde oder Ortsgemeinde, zu groß oder ziemlich aufgelöst und daher auch die Formen, in denen diese Ereignisse gelebt werden.

Ein Rückblick auf die Form, die etwa bis zum Ende des 20. Jahrhunderts üblich war: Ein Mensch starb, und es wurde in der Zeitung angezeigt, wann und wo geboren, wann und wo gestorben, akademische Grade, berufliche Titel, Namen der Hinterbliebenen, Traueradresse (die sagt, wohin man die Kondolenzbriefe schickt), Ort und Zeit des Trauergottesdienstes und der Beisetzung mit Namen der Kirche oder des Friedhofs oder der Nummer der Kapelle (damit man weiß, wohin man den Blumenstrauß oder Kranz schicken lassen kann, samt Karte, damit der Trauernde erfährt, von wem dieser Gruß stammt). Man wusste also: Du musst den schwarzen oder dunklen Mantel oder Anzug anziehen, schwarze oder dunkle Strümpfe, Schuhe, Hut, die Herren weißes Hemd und schwarze Krawatte, Leute ohne Trauerkleider wenigstens den schwarzen Trauerflor am linken Ärmel des hellen Mantels. Die Damen wenig Schminke und Schmuck, eigentlich nur Perlen, weil Perlen Tränen bedeuten.

So traf sich die Trauergesellschaft vor der Kapelle oder in deren Warteraum, trug sich in ein ausgelegtes Kondolenzbuch ein, begrüßte den oder die Hinterbliebenen kurz, redete nur mit gedämpfter Stimme, trat bei der Musik, die sich der Verstorbene oder dessen Familie gewünscht hatte, in die Kapelle, lauschte den Worten des Geistlichen und folgte dann dem Sarg bis zum Grab.

Heute lese ich in der »Frankfurter Allgemeinen«, wie jemand seinen eigenen Tod anzeigt. Heute höre ich von der Friedhofsverwaltung, dass sie Sorgen hat, ihre Gräber noch verkaufen zu können. Man lässt sich anonym beerdigen – wobei dieses Verb nicht mehr zutrifft, denn die Asche des Verstorbenen kommt nicht in eine Urne und in die Erde, sondern wird, ohne Publikum, auf einem Platz verstreut. Sehr beliebt ist die Seebestattung geworden. Die Urne wird, begleitet von Hinterbliebenen und Freunden oder im Sammeltransport anonym, also ohne Publikum, an einer bestimmten Stelle des Meeres ins Wasser geworfen. Auch bei der Erdbestattung kommen neue Formen des Abschieds auf. War der Verstorbene weder religiös gebunden noch interessiert, so verzichten die Hinterbliebenen auf den Geistlichen und bitten einen Freund, einige Worte des Abschieds zu sprechen.

Andere Familie wollen kein Publikum. Sie zeigen den Tod gar nicht erst an, bringen den Verstorbenen allein unter die Erde und benachrichtigen Freunde und Kollegen erst danach von der vollendeten Tatsache: per Zeitungsanzeige, Karte oder bei Gelegenheit mündlich.

Es gibt aber nicht nur den Verzicht auf die Nachricht. Man findet bei Todesanzeigen – wie bei Geburts- und Heiratsanzeigen – ganz neue Formulierungen. Zwar lässt der Ernst des Anlasses die meisten zu den überkommenen Redensarten greifen. Doch oft liest man lediglich den Namen des Verstorbenen, nicht einmal Geburts- und Todesdatum, und kann rätseln, ob es »plötzlich und unerwartet« war, ob der Name zu einem »treu sorgenden Vater, Bruder, Schwager, Onkel und Großvater« gehört oder ob sich »eine Unternehmerin von hohen Tugenden« dahinter verbirgt. Vor allem: War es ein Abschied mit Tränen, weil ein geliebter Mensch starb? Oder will da jemand nur anzeigen, dass ein anderer nun nicht mehr unter uns weilt?

Kehren wir wieder an den Anfang zurück: Ich lese in der Zeitung die Todesanzeige und empfinde den Wunsch, den Hinterbliebenen zu schreiben. Das ist einer der fundamentalsten Wünsche, er hängt wahrhaftig mit Leben und Tod zusammen, mit meinem Leben, das noch währt, und mit dem Tod des anderen, zu dessen Leben ich gehört habe. Sein Tod führt mir vor Augen, was wir in dieser Lebenszeit gemeinsam hinter uns gebracht haben, was mich mit ihm verband, was ich mit ihm verliere – auch einen Teil meiner Erinnerungen. Sein Tod führt mir die Nähe des eigenen Todes vor Augen, und das ist eine so mächtige und wahrhaft erschütternde

Erfahrung, dass ich darüber nachdenken und sprechen muss. Ich brauche jetzt die anderen, die Freunde, die Verwandten. Ich brauche ihre Nähe, ich muss gar nicht viel reden und meinen Kopf nach Trostworten durchstöbern – ich brauche die anderen um mich herum wie eine Bestätigung, dass etwas geblieben ist, dass ich mit meiner Trauer und mit meiner Angst vor dem Tod nicht allein bin.

Früher wusste man, wie erschütternd dieses Gefühl ist, und hat gesellschaftliche Formen entwickelt, die dem Einzelnen helfen können, sich nicht davon überwältigen zu lassen, sondern es auszuleben. In der Gemeinschaft der Familie, der Gläubigen, der Gemeinde. Das war und ist ein Trost.

Es ist ein Trost, wenn eine Witwe nicht allein hinter einer Urne oder einem Sarg gehen muss. Es ist ein Trost, wenn sie in die mitleidenden Gesichter von Freunden blickt und auf ihnen lesen kann: Du bist nicht verlassen. Wir lieben dich. Wir sind dir weiterhin und immer nahe, so lange wir leben.

Es ist ein Trost, wenn sie Briefe lesen kann (weißes Papier, kein schwarzer Rand, der nur den Trauernden zusteht, kein Firmenkopf, kein Gefaxe, möglichst handgeschrieben oder – wenn Krankheit oder Alter die Handschrift zittrig macht – getippt, jedoch mit handschriftlicher Anrede und Unterschrift), in denen ihr bestätigt wird, was für ein guter, tüchtiger, lieber, beispielhafter, kollegialer, humorvoller usw. Mensch ihr Mann gewesen ist.

Keine Kondolenz, weil man nicht weiß, wie? Das ist einfach herzlos!

Das sei nur Schönrederei, verlogen, verheuchelt, das übliche Klischee? Ach wirklich? Besitzt nicht fast jeder Mensch ein paar gute Seiten. Wie er tatsächlich war, weiß die Witwe vermutlich am besten. Aber wie gab er sich als Berufstätiger? Als Vorsitzender des Ruderclubs? Wie war er als Großvater? Und kann man einer Witwe nicht etwas Gnade und Barmherzigkeit gönnen? Das Leben ohne ihn, sei er auch kein guter und tüchtiger und lieber etc. Zeitgenosse gewesen, ist vielleicht noch lang und einsam. Ein Hinterbliebener braucht Trost, nicht selbstgerechte Wahrheit.

So erfüllen Trauer- und Abschiedsrituale auf dem Friedhof und in der Kirche mehr als eine gesellschaftliche Aufgabe. Und deshalb gehört es sich nicht nur, sondern hat überdies einen wichtigen Sinn, dass sich die Trauergemeinde nach der Beerdigung oder nach dem Gedenken in der Kapelle nicht einfach verläuft. Man sollte die Trauergäste danach zu einem Zusammensein bitten, das man gestalten kann, wie man mag. Rings um fast jeden Friedhof gibt es gemütliche Cafes. Es macht nicht viel Mühe, bei demjenigen, der den meisten Wohnraum hat, eine Suppe für alle vorzubereiten. Es ist befriedigend, sich um einen Wirtshaus- oder Restauranttisch zu setzen, ein Mahl zu essen, dass dem Verstorbenen einst so gut geschmeckt hat, und noch einmal in Ruhe und möglicherweise sogar mit Heiterkeit über diese oder jene Erinnerung zu sprechen. Das ist ein Ausklang, den jede große Erschütterung braucht.

Das bleibt jedem selbst überlassen: stille Trauer oder ein Fest des Gedenkens.

Ob der Hinterbliebene nun an den Himmel Gottes glaubt und dass es dort ein Wiedersehen geben wird – hier auf Erden hat er ein Geliebtes verloren. Und ob er sechs Kinder und zwölf Enkel hat, seinem Alltag, seiner Zukunft wird das Wichtigste fehlen. Wie gut, wenn dann die Freunde, die Gleichaltrigen um ihn herum sind, die diese Erfahrungen schon gemacht haben und ein tieferes Mitgefühl zeigen können als Jüngere, für die der Tod erst einmal nur ein Wort ist.

Früher schloss sich an das schmerzliche Ereignis das Trauerjahr an. Der Hinterbliebene trug Schwarz, als Frau einen Hut mit Trauerschleier, lebte still und zurückgezogen, besuchte keine lauten und lärmenden Veranstaltungen, ging auf keinen Ball und benutzte Briefpapier und Taschentücher mit schwarzem Rand. Heute ist das Äußere dieser Sitte sinnlos geworden. Seit Juliette Greco und den Pariser Existenzialisten trägt alle Welt Schwarz. Hüte sind erst recht ein Gegenstand der Mode geworden. Vielleicht hat sich die Witwe bei der Beerdigung einen Hut aufgesetzt und den Schleier herabgezogen, um ihr verweintes Gesicht zu verbergen, doch danach sind Hut mit schwarzem Voileschleier unserer Zeit nicht mehr angemessen.

Allein der Trauerflor, das schwarze Stück Seidenstrick, das man sich über den linken Mantel- oder Jacken- oder Kostümärmel streifte, wirkt durch seine Seltenheit als das Signal, das die Trauerkleidung früher aussenden sollte. Wer dieses Zeichen nämlich sieht, stutzt einen Augenblick, fragt wahrscheinlich: Was soll denn das? Und wenn er nicht mehr weiß, was ein Trauerflor bedeutet, begreift er bei der Erklärung – »Ich habe meine Frau verloren!« –, dass sich ein Trauernder in einer Ausnahmesituation befindet, die mit keiner anderen zu vergleichen ist. Und dass dieses schmale Stück schwarzer Seidenjersey zum Ausdruck bringt: »Lass mich bitte in Ruhe. Ich bin in Trauer. Wenn ich wieder mit euch fröhlich sein kann, lege ich das Zeichen schon ab!«

Trauer braucht Zeit, um zu kommen und zu gehen.

Das Leben geht weiter – hinter diesem banalen Satz steckt die Tatsache, dass die Kollegen im Büro ohne viel nachzudenken ihre albernen Witze reißen, die Kinder sich lautstark zanken, die Nachbarn ihre Karnevalsfröhlichkeit herumposaunen. Eine Bekannte, die ihren Mann verloren hatte, meinte:»Ich kann doch nicht jeden Tag wieder sagen: Ich bin in Trauer! Ich kann auch nicht Urlaub nehmen, um ungestört zu sein. Aber es tut mir weh, dass keiner an meinen Kummer denkt und auf mich Rücksicht nimmt.«

Der verwaiste Mensch ist in Trauer, und er lernt nicht nur die Gewalt, sondern darüber hinaus den Rhythmus der Trauer kennen. Sie braucht ein Jahr, um zu kommen und zu vergehen. Sie führt uns als Einsame einmal durch den Jahreskreis. Das erste Veilchen ohne ihn, der erste Geburtstag allein, der erste Urlaub ohne den vertrauten Partner, die ersten Weihnachtslichter, die mir nicht wie immer der Gefährte entzündet.

Das muss durchgestanden werden, in Ruhe und in Geduld. Die alten Formen der Trauer haben dabei geholfen.

Über den Umgang
mit der Gegenwart

Ein Vierteljahrhundert lang habe ich für den »Stern«, den man als Illustrierte bezeichnete, als Romanlektorin gearbeitet. Das heißt: Ich las Manuskripte oder gerade erschienene Bücher in deutscher, englischer und französischer Sprache und versuchte zu begründen, warum ich sie für gut und geeignet für den Abdruck im Blatt hielt oder nicht.

Zu Beginn dieser Jahre saß gelegentlich ein Polizist im Sekretariat jenes Redakteurs, der unter anderem für die »Stern«-Romane zuständig war. Der Polizist hatte den Tschako auf den Knien, eine Kaffeetasse neben sich und ein rotes Gesicht vor Verlegenheit und Vergnügen, sich nicht auf seiner Wache, sondern im Zentrum der Weltpresse zu befinden.

Und warum saß er dort? Mindestens ein Leser hatte Klage über gewisse Sätze im Roman erhoben, in denen das Wort Busen vorkam. Ich weiß nicht mehr, ob die Straftat als Erregung öffentlichen Ärgernisses oder als verbale sexuelle Nötigung bezeichnet wurde – auf jeden Fall reichte diese einzige Bezeichnung eines sekundären weiblichen Geschlechtsmerkmals.

Ein paar Jahre später fand sich nicht nur diese Bezeichnung samt denen der entsprechenden männlichen Körperteile in der Kinderliteratur. Abermals einige Jahre später verbuchte im »Stern« ein Roman einen sensationellen Erfolg, der die Geschichte einer Rache, einer Menschenjagd in den kanadischen Wäldern, in den grausamsten Details beschrieb. In der Redaktion hatten wir uns den Kopf zerbrochen, ob man diesen Mordsroman veröffentlichen dürfte – es kam keine einzige Beschwerde eines Lesers.

Heute wird in Text und Bild von fast allen sexuellen Betätigungen, von Mord und Totschlag ausführlich und sachlich berichtet – in den Illustrierten, in den TV-Filmen, die nach zweiundzwanzig Uhr über die Mattscheibe flimmern, von den Horror- und Pornovideos ganz zu schweigen.

Das Geschäft mit den Reizen. Damit es funktioniert, muss der Reiz auf einer gewissen Höhe bleiben und sich in dem Augenblick steigern, in dem die Konkurrenz diese Reizschwelle überspringt. Dieser Wettlauf ist schneller und schneller geworden, die Reize immer schriller. Nicht mehr Sex allein, sondern Sex und Gewalt, Sex mit Kindern, Sex und Mord, Sex und Gewalt und Mord, mit Ketten und schwarzem Leder – alles in Großaufnahme. Wie soll man sich da verhalten? Keine Illustrierten kaufen? Den Fernsehschirm verrammeln? Den Chefredakteuren und den Regisseuren sagen: »Benehmt euch gefälligst! Das tut man nicht!«

Man tut es. Man hat es seit Ewigkeiten getan, nur nicht in aller Öffentlichkeit und bei jeder sich bietenden Gelegenheit. Mag sein, dass die Medien, die elektronische Globalbühne, den letzten Kick gegeben haben. Mag sein, dass die Freiheit der Demokratie Verbote lächerlich machen würde. So leben wir also mit einer seltsamen Mischung aus Gier und Geilheit und einem sozialpädagogischen Aufklärungsbedürfnis. Wir sollen die Welt so sehen, wie sie ist. Wir sollen uns nicht abwenden, wir sollen uns nicht so heuchlerisch verhalten wie die verlogenen Bürger der, sagen wir, Adenauer-Zeit.

Wir sollen die Welt so sehen, wie sie ist. Aber wie ist die Welt denn? Wirklich eine einzige Orgie?

Aber wie ist die Welt denn? Wirklich eine einzige Orgie? Ist es nicht eine viel schlimmere Heuchelei, Liebe auf Sex zu reduzieren und dies den Kindern einzutrichtern? Ist es nicht verlogen, in besagten Streifen und Magazinen nur jugendlich pralles Fleisch zu zeigen, lieblich rosa bestrahlt, alle Pickel und Flecken und Falten sorgfältig weggeschminkt und überpudert, die Busen durch Implantate so straff und in die Höhe strebend wie Luftballons? Besteht die Welt tatsächlich nur aus Lotterbetten und Leuten, die genügend Geld haben, um zum Shoppen und Spaßhaben nach New York oder in die Karibik zu fliegen?

Wie gehe ich mit unserer Gegenwart um? Immer wieder die alten Fragen: Schwimme ich mit im Strom? Soll ich meine Kinder, meine Freunde zum Mitschwimmen mitreißen? Oder soll ich standhalten? Kann ich mich verweigern, weil ich andere Lebens- und damit Umfangsformen mit meinen Mitmenschen besser finde? Kann ich das begründen, auch für andere? Will ich ein Beispiel geben? Kann ich mir das leisten? Auf was muss ich dann verzichten? Gibt es auch einen Gewinn, und worin bestünde er?

Immer wieder die alten Fragen – und immer wieder das Ringen um eine Antwort.

Über den Umgang
mit Weihnachten

»Nun haben wir's ja bald wieder hinter uns«, sagte ein Mann, schwer mit Plastiktüten bepackt, zu einem anderen, der wie ich auf den Bus wartete. Der andere fragte: »Was hinter uns?« »Na, das ganze Theater mit Weihnachten und dieser Einkauferei, als ob morgen die große Hungersnot ausbräche!«

Weihnachten nur noch Theater? Keine Christgeburt? Kein Familienfest? Es gibt ja heute kaum mehr etwas, dessen wahres Wesen nicht durch Umfragen ermittelt würde. Und so hatte eine Blitzbefragung ergeben, dass man nichts so fürchtet wie ein so genanntes Marathonweihnachten – wenn die Sache also nach einem Wochenende erst richtig losgeht.

Ein Freizeit-Forschungsinstitut hat darüber hinaus festgestellt, dass diese Fünf- oder Sechstagefeste einen »zu starken Nachholcharakter« besonders im Hinblick auf Verwandtenbesuche und Familientreffen bekämen und »zwanghafte Züge« annehmen können. Und in einer weiteren Untersuchung bei Kindern unter vierzehn Jahren lautete die Antwort auf die Frage »Was ist eigentlich Weihnachten los?« klipp und klar: »Man kriegt Geschenke.«

Unseren Fabrikanten, Bäckern und Geschenkartiklern, der Post und den Tannenförstern wird diese Antwort gefallen. Ein ganzer Wirtschaftszweig ist jahrein, jahraus damit beschäftigt, unzählige Dinge dekorativer Natur herzustellen, die uns dreihundertsechzig Tage lang in Kisten und Kästen den Dachboden oder Keller verstopfen. Andere Berufszweige arbeiten ebenso emsig daran, uns mit Werbesprüchen aggressivster Art irgendwie dahin zu bringen, den herrlichen Geschenkcharakter von aufheizbaren Lockenwicklern oder unzerbrechlichen Picknick-Ensembles zu erkennen. Und je weniger Menschen sich noch daran erinnern, was Weihnachten einst war, je weniger Kinder noch lernen, warum der 24.12. Heiligabend genannt wird, desto wichtiger werden die Vorschläge zum Schmücken, Kaufen, Backen, Packen und Ähnlichem genommen.

»Christmas is a decoration!«, stand bereits vor Jahrzehnten in einer amerikanischen Wohnillustrierten, und es langweilt einen unterdessen, die ewigen Klagen über den Verfall des Weihnachtsfestes anhören zu müssen. Was heißt das denn schon: Es verfällt. Was verfällt? Weihnachten? Von allein?

Es stimmt, Weihnachten ist Weihnachtsgeschäft. Selbst die Weihnachtsmärkte strahlen nichts Trauliches mehr aus. Da findet man in allen Städten den gleichen Schurrmurr und Funkelsterne für Touristen aus den USA und Japan, die »Oh, how lovely« rufen und für eine scheddrige Plastikkrippe so viel zahlen, als ob sie in Oberammergau aus echtem Lindenholz geschnitzt worden wäre. Und die Lebkuchenherzen sehen so aus, als ob kein Hersteller im Ernst damit rechnete, dass sie je gegessen würden. Ja, was also? Das »ganze Theater« abschaffen, damit die armen Leute nicht mehr nach Mallorca oder Teneriffa zu fliegen brauchen, »um dem Rummel zu entfliehen«? Da müsste man doch erst einmal wissen, was es mit diesem so genannten Rummel auf sich hat.

Weihnachten nur noch Theater? Keine Christgeburt? Kein Familienfest?

Es gibt zum Beispiel Menschen, die Feste einfach nicht mögen. Mein Großvater pflegte zu einer Zeit, als alles noch so war, wie es sich heute viele erträumen, spätestens am ersten Weihnachtsfeiertag zu sagen: »Nichts ist schwerer zu ertragen als eine Reihe von guten Tagen!« Meine Großmutter regte sich jedes Mal wieder darüber auf, denn sie nahm das als persönliche Kritik an »allem, was ich für euch getan habe!« – was im Grunde existenziell gemeint war.

Feste, tagelange Festeketten stellen den Alltag auf den Kopf und unser Betragen auf den Prüfstand. Wer nun so beschaffen ist, dass er aus dem stetigen Gleichmaß des Regelmäßigen die Kraft schöpft, die man zum Leben braucht, der gerät aus dem Takt, wenn sich Feier an Feier reiht. Und Weihnachten greift ja tatsächlich wie ein unersättlicher Polyp von Jahr zu Jahr mehr um sich und in unser Leben ein. Greift in den November, in dem es doch eigentlich überhaupt nichts zu suchen hat. Ja, die Auslandspakete und der Stollen und der Honigkuchen. Letzteren beiden tut es wohl, wenn sie lange rasten und Zimt und Kardamom durch alle anderen Zutaten dringen können.

Der Mensch ist aber kein Honigkuchen. Und mag er auch im November die Gänse schlachten – die werden ins Kalte gehängt, damit sie sich halten. Unsere Gefühle sind jedoch keine Tiefkühlware. Sie lassen sich nicht auf Eis legen und sie lassen sich nicht wie Gummi auseinander ziehen und beliebig lang über die Wochen und Monate recken und strecken.

Vorfreude – noch so ein Weihnachtssatz: Vorfreude sei die schönste Freude! Das stimmt gewiss und wird zu allen Zeiten stimmen. Vorfreude beim Basteln und Knüddeln und Heimlichtun. Ich kann mich noch genau an einen Dezemberabend erinnern, als ich ein kleines Mädchen war und Husten hatte und davon mitten in der Nacht – wie es mir schien – aufwachte. Ich kroch aus dem warmen Bett und tappte über den ungeheizten Flur ins Wohnzimmer. Da saß meine Großmutter dicht neben meinem Großvater am Tisch. Sie hatte die Tischdecke mit Zeitungspapier geschützt, so wie sie das immer machte, wenn ich tuschte oder etwas klebte. Sofort griff mein Großvater mit seinen breiten Händen hastig nach dem, was auf dem Tisch, auf der Zeitungsunterlage stand, während meine Großmutter rasch ein seidenes Tuch darüber warf. Und dann waren der heiße Lindenblütentee wichtiger und der Löffel Honig, der in den Tee geträufelt wurde.

Als ich wieder in meinem Bett lag, dämmerte mir, auf was ich gestoßen sein könnte, und ich begann mir auszumalen, was da wohl so schnell verborgen worden war. Vorfreude. Das mussten sicher nur wenige Tage gewesen sein, bis das Geheimnis offenbar wurde, sonst wäre mir das Herz zersprungen oder ich hätte ganz und gar die Lust verloren – die Lust an Weihnachten und die Lust an dem unbekannten Geschenk.

Ich bin kein Kind mehr, aber auch die Gefühle eines Erwachsenen lassen sich nicht ewig in der Schwebe und vor allem nicht unbegrenzt frisch und lebendig halten. Vier Wochen Advent, das ist ein guter Zeitraum der Vorbereitung, fürs Lebkuchenbacken und Briefeschreiben und Stricken und Päckchenpacken samt der Freude, die das alles macht, wenn man es wirklich gern tut.

Vier Wochen Advent, das ist ein guter Zeitraum der Vorbereitung und der Vorfreude.

Das weise Kirchenjahr hat aus dem Advent, dem Warten auf die Geburt des Herrn, ohnehin eine Fastenzeit gemacht. So kann man sich – der Magen noch nicht überfüttert, das Geld noch nicht verplempert für Dinge, die keiner mag – Weihnachten nähern. Dann braucht man letztlich nur noch eine gewisse Festigkeit.

Die anfangs erwähnten Freizeitforscher wiesen außerdem darauf hin, dass 54 Prozent der Befragten (Menschen über vierzehn, Kinder hat man gar nicht in die Umfrage einbezogen) »offen zugaben, dass die Familientreffen mehr aus Pflichtgefühl und nicht selten unter Druck« zustande kommen. Und dass 62 Prozent der Berufstätigen »die obligaten Verwandtentreffen als persönliche Belastung empfinden«.

Also Schluss damit. Auch gleich Schluss mit den gequälten Predigten von Pastoren, die ihre Einmal-im-Jahr-Besucher nicht mit den vielleicht unbequemen Wahrheiten der Heiligen Schrift und ihren fremd gewordenen Begriffen verprellen wollen und deshalb ein watteweiches Wort zum Weihnachtssonntag von sich geben.

Ein Nein also zur Besinnlichkeit und zur Familie, ausgerechnet an Weihnachten? Warum nicht? Weihnachten ist kein Familienfest. Erst Martin Luther hat es – samt Tannenbaum und Kinderbescherung und Kerzenlicht – zu dem gemacht, was uns aus allen Warenhausschaufenstern anstrahlt. Innigkeit und Einigkeit unterm Weihnachtsbaum. Das war die erste Profanisierung der Geburt des Herrn, und einer schielt nach rechts und rechnet sich aus: Tante Irmchen hat längst nicht so viel für die Geschenke für uns alle ausgegeben wie wir für sie…

Aber woran liegt das denn? Irgendwann war Weihnachten doch schön. Irgendwann strahlten die Augen ehrlich und hell im Schein der Kerzen. Irgendwo sitzt die Erinnerung an dieses Glück, und es braucht nur nach Zimt und gemahlenen Nelken zu duften, schon fällt der Schnee reiner und leiser, die Nacht ist sternenheller und die Freude tiefer. Ist das nur die Kindheit, mit der die Unschuld und die Fähigkeit, unbefangen zu lieben, verloren gingen? Können nur Kinder hoffen? Kinder mit ihrer unerschütterlichen Zuversicht, dass alles ihretwegen geschieht und ihretwegen gut enden wird?

Wer die Kindheit verlässt, verliert vor allem dies. Ob er zu der größeren Hoffnung findet – wer weiß. Aber er kann auf jeden Fall versuchen, ehrlich mit sich zu sein. Wir alle besitzen die Freiheit, alte und überholte Konventionen zu vergessen und neue zu entwerfen. Warum nicht im Dezember damit beginnen? Weg mit dem Ballast und schauen, was bleibt. Vielleicht ein Fest wie früher, Weihnachten pur. Oder ein wirklich zwangloses Familienfest. Oder ein »Fest der einsamen Herzen« auf moderne Art, kein sentimentales Tränenfest, sondern das beste Freundesfest des Jahres.

Möglicherweise muss man nur etwas behutsamer mit Weihnachten umgehen.

Mut, Mut zur Weihnachtsreform! Das Fest ist zu gut, um es zu vergeuden!

ÜBER DEN UMGANG
MIT SCHMUCK

Wie viel Schmuck darf eine Dame tragen? Wenn man nach dem Augenschein urteilt: kiloweise. So viel, dass es klirrt und klimpert, sprüht und funkelt und wie der Hals oder die Handgelenke der Dame aushalten. Das freut die Juweliere, das ärgert die Konkurrentin und das passt zum satten Glanz des Wohlstandes.

Auf Porträts der Wende vom 19. zum 20. Jahrhundert sieht man, dass es damals bei den Damen der Gesellschaft Mode wurde, die bäuerlichen Kropfketten – breite Halsbänder aus fünf bis neun Silberketten, die den geschwollenen Hals kaschieren sollten – in Perlen nachzuahmen. Nicht gegen Kröpfe, sondern gegen faltige Hälse, und dann wurden zusätzlich meterlange Schnüre aus suppenerbsengroßen Perlen darüber geworfen.

Diese Sitte hat in kargen, in Kriegs-, Wirtschaftskrisen- und Inflationszeiten offenbar nur geruht. Jetzt kann man sich wieder behängen, mit so viel, wie man hat, wenn man sich traut. Doch weil das häufig keine Frage des Stils, auch keine des entblößten Dekolletés, sondern ein Sicherheitsproblem ist, tragen viele Frauen selbst am Abend keinen nennenswerten Schmuck. Oder nur Modeschmuck. Die meisten Frauen allerdings lieben richtigen, echten Schmuck. Grüne Smaragdfeuerwerke und sanfte, tiefe Blicke aus klaren Saphiraugen. Wenn man freilich hört und liest, was den Besitzerinnen solcher Preziosen passiert, verhält man sich wie der Fuchs, der an die süßen Trauben nicht herankommt und sie deshalb sauer nennt.

Smaragde sind zwar nicht sauer, dafür allerdings für Langfinger verlockend, von Rubinen und Perlen ganz zu schweigen. Die Diebe läuten sogar bei armen Rentnerinnen an der Haustür und rauben ihnen den einzigen Diamantring aus der Kommode, der natürlich nicht so viel bringt wie ein bis zwei Kilo Klunker eines Filmstars oder einer Industriellengattin, dessen Verlust aber wesentlich schlimmer schmerzt. Denn eine Diva kann flugs einen neuen Film drehen und hat schon wieder eine Handvoll Funkelsterne beisammen. Der Rentnerin jedoch hängt das Herz, hängt die Erinnerung ans einstige Lebensglück an diesem einen Schmuckstück. Das nützt ihr aber nichts. Polizeibeamte sagen:»Dieben geht es ums Metall. Die würden eine goldene Schnupftabakdose vom Alten Fritz genauso einschmelzen wie das eine Ringelchen.«

Wer sich behängt wie ein Weihnachtsbaum, lockt nicht nur Bewunderer, sondern auch Langfinger.

In anderen Ländern herrscht da noch Courtoisie. Als an der Copacabana ein Bus mit Touristen überfallen wurde und die Banditen Gold und Edelsteine absammeln gingen, rief eine Frau verzweifelt:»Das können Sie mir doch nicht nehmen! Der Ring stammt von meiner Mutter selig!« Da gab ihr der Räuber mit den Worten»Ich wünsche Ihnen ein langes Leben!« den Ring zurück.

So ist das also mit dem Schmuck. Wenn er sehr viel wert ist, macht er Sorgen. Wenn er nicht so viel wert ist, macht er Kummer. Zum ganz großen Schmuck gehören Safes, Tresore, Versicherungspolicen und Duplikate für nicht so gut bewachte Reisen und Feste. Das alles ist recht mühsam. Es hat auch mehr mit Geldanlage und Angst vor Krisenzeiten zu tun als mit Dekor und Schönheit. Denn Schmuck soll ja schmücken, soll Schönes noch schöner machen.

Muss er deshalb aus edlen Steinen und Austernabfällen bestehen, denen man imaginären Wert zubilligt, weil der Mensch dazu neigt, das besonders hoch zu schätzen, was sich kein anderer leisten kann? In Hollywood-Komödien werden wir Zeuge, wie rasselnde Perlenschnüre in den Taschen der Fassadenkletterer verschwinden, die nur die übermäßig Reichen erleichtern, so dass die böse Tat fast wie eine gute wirkt. Im Fernsehen verfolgen wir, wie gerechte Herrscherinnen im Glanze dynastischer Diamanten zum Ruhme ihrer Reiche funkeln.

Edelsteine sind die Vettern der Kohle. Ihr Wert ist Illusion – oder?

Und wie ungerechte Herrscherinnen Kartons voll Hochkarätigem aus dem Lande schleppen, das – auch – dieser Steine wegen hungern musste.

Alles verändert seinen Wert. Heute ist Schmuck aus riesigen Glaskristallen modern, wie ein Hohn auf die echten Steine. Oder hockt da wieder der Fuchs, der zu den köstlichen Trauben hinauflinst und sie sauer schilt? Er liebt die Trauben. Frauen lieben Schmuck.

Ich möchte meinen Schmuck nicht in Banktresore sperren müssen, sondern sorglos mit ihm reisen können. Und wenn eine Räuberhand nach ihm griffe und ein Räuberauge prüfend auf ihm ruhte, so müsste es entweder zornig aufblitzen oder zu lächeln beginnen. Denn wer Schmuck als Schmuck und nicht als Geldanlage liebt, könnte Räuber arbeitslos machen und ist gleichzeitig sein Komplice im Spiel mit den Illusionen. Welch herrliches Funkelfeuerwerk entfaltet doch Schmuck aus Tirol oder aus Pforzheim! Es ist schön, wenn man echten und alten Schmuck besitzt, erbt, geschenkt bekommt und trägt. Damen durften sich früher mit nichts anderem schmücken, tagsüber schlicht, abends üppig. Wer mag, kann diesen Regeln heute noch folgen, und man wird die Trägerin als damenhaft bezeichnen. Wer aber tagsüber schon funkeln möchte wie ein Kronleuchter, der kann sich den Spaß gönnen. Es ist Modeschmuck. Man kann damit Moden folgen und Moden machen, und eines Tages mag man die Mode vielleicht nicht mehr mitmachen.

Dann hat der früheste Modeschmuck einer unterdessen alt gewordenen Frau schon einen gewissen historischen Wert. Und sicher freut sich eine Enkelin, wenn sie von der Großmutter so etwas Seltenes und Kostbares geschenkt bekommt.

Über den Umgang
mit Unbekannten

»Wer bin ich?« Diesen »Herzensschrei« stößt laut der dänischen Dichterin Tanja Blixen jeder Held einer Geschichte aus. Doch da der Mensch ein in Massen lebendes Wesen ist, folgt in irdischen Gefilden stantepede und als zweite Frage: »Wer bist du?«

Das lässt sich nun längst nicht so leicht beantworten, wie man vielleicht annehmen möchte, denn in den so genannten zivilisierten Gegenden kommen Menschen mehr und mehr aus der Übung, auf diese Frage eine auch nur andeutungsweise angemessene Antwort zu geben.

An einem öffentlichen Ort kann man sich anschweigen, und es geht den anderen nichts an, wer ich bin. Das wäre so im Wartezimmer des Zahnarztes, im Flugzeug, in der Bahn, in der Pausenhalle des Stadttheaters und an ähnlichen Lokalitäten. Trifft man sich aber zum Beispiel bei der Elternversammlung in der Schule der Kinder, bei einem Empfang oder an vergleichbaren Orten, die nicht mehr die zufällige Öffentlichkeit darstellen, sondern als Bühne für eine bestimmte Gruppe irgendwie Gleicher gelten, so kann man neugierig sein, wer denn der andere ist. Junge Leute starren bei solchen Gelegenheiten oft schweigend und scheinbar verkniffen vor sich hin, und wenn sie »Hallo!« murmeln, so lässt das schon auf einen Gefühlsausbruch schließen.

Kommt ein Neuer in eine Menschenansammlung, die sich jemand zur Pflege allgemeiner Geselligkeit eingeladen hat, so

Wer möchte nicht, dass die anderen wissen, mit wem sie es zu tun haben?

werfen ihm die längst einander Vertrauten häufig nur einen Blick zu – um ihm sofort wieder den Rücken zu kehren, wenn sie ihn nicht kennen. So steht der Fremde am Rande, und der Lohndiener ist der Einzige, der wenigstens fragt:»Was möchten Sie trinken?«

Vorstellen ist eine Kunst, die im Aussterben begriffen ist. Dabei sieht man an den Kindern, wonach der Mensch verlangt:»Ich bin der Tom!«, begrüßt ein Sechsjähriger den fremden Jungen, der an der Tür geklingelt hat,»der kleine Bruder vom Willi. Und du musst der Michel sein, denn Willi hat gesagt, nachher kommt der Michel vorbei!« Die Mutter, die daneben stand und mithörte, war vollkommen perplex. »Ich hab ihm das nicht beigebracht«, sagte sie,»ich hoffe nur, dass er sich das nicht wieder austreiben lässt!«

Natürlich hat sie es ihm beigebracht. Allerdings nicht mit »Du sollst ...!« oder»Wenn er das tut, dann sagst du das ...«, sondern offenbar durch ähnliche überlegte Freundlichkeiten in allen Alltagslagen, die ihrem Sohn selbstverständlich machten, einem Fremden nicht nur den nackten Namen ins Gesicht zu knallen, sondern ihm irgendetwas zusätzlich anzubieten, das ihm ein erstes Bild von einer Person zu geben vermag.

Kein Gastgeber könnte es besser machen. Und hätte er lauter Gäste wie den kleinen Tom, so könnte er sich auch blindlings darauf verlassen, dass sich diese einem neuen Gast selber zuwenden und bekannt machen. Denn oberhalb einer gewissen Gästezahl kann man nicht mehr vom Gastgeber erwarten, dass er wie ein Papagei unaufhörlich und immer wieder jeden jedem vorstellt.

Form also als Hilfsmittel. Dazu kommt man nicht ohne Konventionen, und da der Mensch weder Halbgott noch Aufziehmaus ist, muss er Formen üben. Übung in der Kindheit ist nun der leichteste Weg zu dieser Haltung, die Ungeübte fälschlich als Selbstsicherheit einschätzen und deshalb oft fürchten oder verachten.

Formen muss man üben. Der beste und der leichteste Weg ist Übung in der Kindheit.

Dabei gibt es auch hier das wohl bekannte Nord-Süd-Gefälle. Wenn ich zum Beispiel in Begleitung von Sportsfreunden in nördlich gelegenen Bundesländern zum Duschen in den Damenumkleideraum gehe, dann muss ich – als Fremde oder noch nicht Bekannte – meine Angelegenheiten möglichst schweigend verrichten, sonst gelte ich als aufdringlich. Schicke ich mich dagegen im Süden in gewohnter Weise an, mich stumm zu putzen, so fragt sicher schon wer, ehe ich zum Wasserhahn greife: »Ja Grüß Gott! Ich hab Sie hier ja noch nie gesehen! Ich bin die Sowieso und wer sind Sie? Wo kommen Sie her?«

Legte ich selbst aber im Norden ein derartiges Verhalten an den Tag, würden die meisten sofort erschrocken und misstrauisch zurückfahren. Was will denn die? Soll sie mir doch vom Leibe bleiben! Wieso will die wissen, wer ich bin? Will die etwa was von mir?

Üblicherweise stellt man sich auch nicht den anderen vor, wenn man neu in ein Haus gezogen ist, sondern geht still aneinander vorbei. »Um des Himmelswillen! Ich will mit den Leuten ja nicht verkehren! Meine Freunde such ich mir allein aus!« Welch ein Missverständnis! Keiner muss mit seinem Nachbarn täglich Kaffee trinken, wenn er ihm sagt: »Ich bin Franz Friedrich und ich ziehe neben Ihnen ein; wenn mein Radio zu laut ist, so sagen Sie es mir bitte!«

Mit diesem Franz Friedrich kann man friedlich weiter auf Distanz leben, doch man weiß wenigstens, wer er ist. Franz Friedrich erwartet gar nicht, deshalb schon zum Intimus zu werden. Und die Geheimnisse des Privatlebens der Schweiger bekommt man ohnehin mit, wenn man Wand an Wand lebt und nicht blind und taub ist.

Merkwürdig: Wir sind in Übung, Reden für den Frieden zu halten und uns mit den Fernsten zu verbrüdern, und gleichzeitig reagieren wir verklemmt, wenn wir uns mit den Nachbarn unbefangen und ohne Präpotenz bekannt machen sollen. Dabei ist Bekanntschaft unverbindlich, ist keine Freundschaft, geht ohne Klatsch- und Kaffeezwang einher. Sie erstreckt sich höchstens auf die Bitte an einen nicht mehr ganz so Unbekannten, vielleicht das Paket anzunehmen, wenn ich nicht zu Hause bin, die Blumen im Stiegenhaus oder möglicherweise sogar auf dem Balkon zu gießen, wenn ich auf Reisen bin.

Die Kunst des Vorstellens gibt gerade jungen Menschen eine Möglichkeit, sich verlässlicher Formen zu bedienen, um einen Schritt aus sich heraus zu tun. Und das ist definitiv etwas ebenso Nützliches wie Gutes.

Über den Umgang
mit Krankenschwestern

Was ist eigentlich eine Krankenschwester oder ein Kranken-
pfleger oder ein Zivildienstleistender, der in der Kranken-
pflege eingesetzt wird?

Die Schwester trägt den Namen der Frauen, die sich einst
in diesen Dienst der Barmherzigkeit – eine der sieben christlichen Tugenden – gestellt hatten, um Gottes Lohn, um Christi
willen. Sie waren vielleicht Ordensschwestern, auf jeden Fall
waren sie in dem Sinne Schwestern, wie es Matthias Claudius
in seinem »Abendlied« vom Monde sagt: »So legt euch denn,
ihr Brüder, in Gottes Namen nieder…«

Das sind keine Vereinsbrüder, aber ebenso keine Mit-
bürger, sondern Mitgeschöpfe. Brüder und Schwestern, alle
gleich vor Gott, einer dem anderen verantwortlich, auch dem
»kranken Nachbarn«, dessen Matthias Claudius in den
letzten Zeilen seines »Abendliedes« gedenkt: »…und lass uns
ruhig schlafen und unseren kranken Nachbarn auch.«

Wer älter als vierzig, fünfzig Jahre ist, kennt noch Schwestern in Tracht und Haube: weltliche oder geistliche Tracht,
um sie kenntlich und gleich zu machen; Haube, um die hygie-
nischen und nicht zuletzt erotischen Irritationen zu vermeiden. Das waren Personen, deren Erscheinungsbild Würde
ausstrahlte und Achtung forderte – weil jeder wusste, dass es
diesen Frauen nicht in erster Linie um den Beruf, sondern um
die Berufung ging.

Als ich im vorigen Jahr in einem Spital lag, beugte sich
eine junge Schwester mit blond gefärbten Strubbelhaaren

über mich, so dass ihr kurzes weißes Hemd nach oben rutschte und einen im Urlaub auf den Malediven braun gebrannten Bauch mit einem Strass-Sticker im Nabel enthüllte. »Unmöglich!«, wäre die Reaktion vor einer Generation gewesen. Heute fragt man sich nur interessiert, ob diese Dinger wohl halten und ob man sich nicht immer wieder den Bauchnabel aufreißt. Und vielleicht noch, wie es mit der Hygiene steht.

Auf jeden Fall hat das Äußere nichts mit der Qualität des Pflegepersonals zu tun. Denn die Arbeit selbst, wenn auch unterdessen nach Tarifen geregelt, ist die gleiche geblieben: den Kranken empfangen, ihm erklären, was zu erklären und was der Kranke zu begreifen imstande ist, Betten machen, beim Waschen helfen, Frühstück bringen, Verbände wechseln, Fieber und Blutdruck messen, Medikamente und Bettpfannen geben, Tee bringen, Betten machen, Abendbrot servieren, und dann kommt die Nachtschwester.

Kein Patient kann eine Schwester für sich allein beanspruchen. Sie muss für alle Kranken auf der Station da sein.

Das ist zumindest das, was der Patient von seinem Krankenlager aus verfolgen kann. Und schon erkennen wir das erste Problem. Die Schwestern müssen ihre ganze Station versorgen, Mensch, Büro und Material. Der Patient hingegen will eine einzige Bezugsperson – in seiner Angst, in seinem Schmerz, in seiner Ahnungslosigkeit in modernen medizinischen Dingen. Diese Angst erfüllt ihn mit einem ungeheuren Egoismus. Ich, ich, ich! Vergesst mich nicht! Denkt an mich, sorgt für mich! Kommt alle zu mir, und sofort und gleich wieder!

Der Patient klingelt, weil sein Kissen verrutscht ist. Er klingelt, weil die Gardine auf- oder zugezogen werden sollte.

Weil seine Mineralwasserflasche leer ist. Weil, weil, weil. Er klingelt, und wenn die Schwester angestürzt kommt, ruft er ihr entgegen:»Also endlich kommen Sie!«

Das zweite Problem: Die Schwestern müssen jeden Fehler ihrer Patienten ausbaden. Früher hieß es: Du gehst sauber gewaschen, ungeschminkt und mit leerem Magen zum Arzt. Sauber sind heutzutage die meisten. Um Schminke kümmert sich inzwischen kein Arzt mehr, weil er weiß, dass sie vielen Frauen Selbstsicherheit verleiht und deshalb ihren Sinn hat.

Bleibt noch der volle Magen, besonders bei Kindern, »die von der Familie so vollgestopft werden«, wie eine Schwester sagte, »als ob sie bei uns kein Krümelchen zu essen bekämen.« So muss manchmal eine Operation des vollen Magens wegen verschoben werden. Zu ihrer Vorbereitung wie zu bestimmten Krankheiten gehören bestimmte Vorschriften allgemeiner Art, die meist auch die Ernährung betreffen. »Ja, ja, kein Problem!«, versichert der Patient, und wenig später sieht man ihn just die Nahrungsmittel am Kiosk der Klinik kaufen oder in Form von essbaren Mitbringseln verschlingen, derer er sich enthalten sollte. Wenn er kurz darauf explosionsartig reagiert, müssen es die Schwestern in Ordnung bringen. »Nein, nein«, beteuert er, »nichts habe ich gegessen!«, und bedankt sich nicht einmal für die Mühe, die er den Schwestern macht.

Ökonomischer Wettbewerb im Medizinbetrieb hin und her: Eine Krankenschwester ist keine Kellnerin!

Warum denn auch? Das ist doch schließlich ihr Job, oder? Früher waren viele Kliniken wohltätige Bürgerstiftungen, was ihrem Personal eine stärkere Autorität gab als modernen Krankenhäusern, die Profit bringen sollen. Die Schwestern der Stiftungen und Armenspitäler konnten den Patienten ihre Meinung sagen. Die Wettbewerbsabhängigen müssen schweigend schlucken, was ihnen sicher manchmal auf der Zunge liegt. Das tut keiner Galle gut, weshalb man als Patient schon den anderen, vielleicht kränkeren Mitpatienten zuliebe nicht nur an sich, sondern ebenso an die Schwestern denken sollte. Einsicht aus Vernunft und Haltung aus Höflichkeit, das wäre der erste Umgangsschlüssel. Den Schwestern ist der kranke Mensch ohnehin so gänzlich in die Hände gegeben wie kaum einem anderen. Schwestern wissen nach kürzester Zeit alles von ihm. Schwestern sehen den schwer kranken Patienten im Zustand äußerster Schwäche und Kreatürlichkeit. Da ist nichts mehr von Ansehen und Macht, da ist der Mensch auf seine körperlichen Funktionen beschränkt, und Schmerz kämpft gegen den Schein. Das können viele Patienten nicht ertragen und spielen sich umso mehr auf, je mehr sie an Bettpfanne und Katheter gebunden sind.

Als ich vor Jahren eine Verlegerin im Spital besuchte, eine schöne alte weißhaarige Frau, die sich nie ohne ein sorgfältig zurechtgemachtes Gesicht gezeigt hatte und ein Vorbild an Contenance war, erkannte ich sie auf den ersten Blick gar nicht mehr. Sie lag in einem dieser altmodischen Säle mit acht oder mehr Betten, blass und verschrumpelt, ohne die das ganze Gesicht beherrschenden, schwarz nachgezogenen Augenbrauen, konnte kaum die Hand heben, rief aber sofort mit ihrer gewohnten Chefstimme: »Einen Sessel! Einen Sessel für die Gräfin!« Die Schwestern, beim nachmittäglichen Bettenmachen, schauten nicht einmal auf, eine murmelte »Ja, ja« und arbeitete weiter. So holte ich mir einen Stuhl aus dem Flur, und dann war für die alte Dame alles außer unserem Gespräch vergessen.

Eine Sitzgelegenheit für einen Besucher zu fordern, das ist keine große Affäre. Ohnehin wissen die Schwestern am besten, wann ein Patient von Medikamenten verwirrt oder in Halluzinationen oder so außer sich ist, dass man nichts auf seine Worte geben muss. Von einem Patienten mit einem gebrochenen Bein oder der einen Bruch geflickt bekommen hat, sollte man allerdings ein ganz normales Benehmen erwarten können.

Noch einmal: Krankenschwester und Pfleger, das sind Dienstleistungsberufe wie etwa Kellner oder Haushälterin. Und derjenige, der ihre Hilfe und Dienste in Anspruch nimmt, bezahlt sie indirekt oder direkt. Doch dieses Geld gibt dem Zahlenden kein Herrschaftsrecht über andere. Patienten und Pflegepersonal sind ebenso Partner wie Patienten und Ärzte oder Gäste und Hotelbesitzer oder Kunden und Verkäufer. Der Unterschied beruht lediglich darin, dass der Kunde in unserem Fall krank ist und deshalb in einer besonderen Gemütsverfassung.

Verleiht ihm diese Not ein Sonderrecht? Ja natürlich. Wer krank und schwach ist, hat im Spital oder daheim Anspruch auf Rücksicht und Pflege. Nur kann man jedes Recht verspielen, und wer die professionelle Pflegebereitschaft oder die christliche Nächstenliebe über die Gebühr strapaziert, wer also die Schwestern herumscheucht wie früher die Madams ihre Dienstmädchen, wer um nichts und wieder nichts heult und jammert und sich so anstellt, dass die Schwestern die sprichwörtliche Engelsgeduld aufbringen müssen, der ist ein unhöflicher Patient. Meist muss er selber dafür büßen, weil jeder einen Bogen um ihn macht und seine grundlosen Klagen nicht ernst nimmt. Was aber dann, wenn es ihm wirklich elend geht und er nicht nur Abwechslung, sondern Hilfe und Zuspruch braucht?

Es gibt Musterpatienten. Und Patienten, die eine Plage sind. Es gibt Schwestern, die nicht nur sanfte und geschickte Hände, sondern auch eine heitere und menschenfreundliche

Seele haben. Sie wissen genau, dass sie zugrunde gingen, wenn sie mit jedem Patienten so mitlitten, wie man zum Beispiel mit dem todkranken geliebten Vater oder mit dem eigenen Kind leidet. Diese Schwestern sind jedoch imstande, dem Leidenden gerade durch ihr distanziertes Mitgefühl den menschlichen Trost und die Ermutigung zu geben, derer er bedarf.

Ebenso gibt es Schwestern oder Pfleger, die auf den ersten Blick als wahre Besen erscheinen. Vor ihnen zittern sogar die jüngeren Ärzte und entspannen sich erst, wenn auf dem Gesicht der Schwester dieses gewisse Wohlwollen auftaucht, mit dem sie die Entscheidungen des Arztlehrlings gutheißt. Kluge junge Ärzte fangen gar nicht mit dem Zittern an, sondern fragen: »Meinen Sie nicht auch, Schwester Agathe?«
Wenn Schwester Agathe dann nickt, fühlt sich der Patient im siebenten Krankenhimmel und hat das Gefühl, nun könne gar nichts mehr schief gehen.

Kein leichter Beruf, in dem man täglich mit Schmerz und Unheilbarem umgehen muss.

   Gerade bei diesen strengen Schwestern sollte der Patient daran denken, dass der Schein oft trügt. Dass es eben schwer ist, täglich mit Schmerz und Unheilbarem umzugehen. Dass Schwestern nicht nur fröhliche Abschiede wieder Gesunder erleben, sondern regelmäßig den langen schweren Weg zum Tod. Und dass manche dies nur unter der Maske der Strenge ertragen können.

   Während eines ziemlich langen Spitalaufenthaltes wurde ich immer wieder einer schmerzhaften Behandlung unterzogen. Beim ersten Mal assistierte eine von den Gestrengen. Ich wünschte, es wäre ihre heitere Kollegin gewesen. Aber die Gestrenge spürte bis auf Nervenbahn und Muskelfaser genau, was der Arzt an und in mir machte, und in dem Augenblick des stärksten Schmerzes, noch ehe ich hätte stöhnen können, hatte sie nach meiner Hand gegriffen und drückte sie so fest, dass ich das Gefühl bekam, sie zöge den Schmerz mit aller Macht an sich.

Wenn man sich auf diese oder ähnliche Weise im Krankenhaus geborgen fühlte, muss man sich nicht den Kopf zerbrechen, wie man sich beim Abschied bedankt. Man fragt einfach. Oder man stellt einen Strauß frischer Blumen auf den Schwesterntisch. Und warum soll man nicht »allen Schwestern, die sich noch an mich erinnern« einen Weihnachtsgruß oder eine bunte Karte aus dem nächsten Urlaub schicken? Das alles ist »doch nicht nötig«, wie einmal eine Oberschwester sagte. Aber im Spital wie im Alltag besteht die Höflichkeit genau aus den Handlungen und Haltungen, die zur nackten Existenz wahrhaftig nicht nötig, im wahren Leben jedoch der Kern von allem sind.

Über den Umgang
mit Geld

Wir lernen gutes Benehmen durch die Beispiele, die uns die Umwelt bietet. Ein Kind sieht also, wie die Erwachsenen mit Geld umgehen. Was sie beim Shoppen ausgeben oder im Restaurant, ob sie etwas in den Klingelbeutel werfen und dem Bettler spendieren, ob sie Trinkgeld für Kellner, Schaffner, Müllmänner, den Friseur, die Hausangestellte etc. parat haben. Und wie sie es mit dem Taschengeld für ihre Kinder halten: geizig oder protzig.

Wenn ein Kind heranwächst, so nimmt es immer wieder wahr, dass Geld der Maßstab einer Welt geworden ist, die sich über Konsumgüter definiert. Die Marke der Jeans oder des T-Shirts muss auf dem Kleidungsstück sichtbar sein, damit die anderen wissen, was man sich oder die Eltern leisten können. Eine kluge Wirtschaft hat sich diese Sucht längst zunutze gemacht und führt die willigen Endverbraucher, wie Menschen in diesem Sektor genannt werden, an der Leine. Kauf den Schal, den Stephanie von Monaco trägt, dann bist du wer, dann gehörst du irgendwie zu den Schönen und Reichen.

Meine Großmutter sagte klipp und klar: »Wer sich sein ganzes Geld an den Leib hängt, ist unmoralisch und gewöhnlich.« Die alte Frau war nicht zu betrügen und sie hatte auch keinen Anlass, diese Tatsache zu verschleiern. Es ist ja kein Geheimnis, dass Geld nichts ist als ein Mittel, Dinge zu erwerben. Weil man vieles aber mit Geld nicht kaufen kann, lässt sich der Mensch allzu gern einreden oder vorreden, dass man mit Gelddingen etwas Besseres, Wichtigeres, etwas anderes werden könne – glücklich zum Beispiel oder mächtig.

An Macht gewinnt dadurch nur die Illusion, die Gretchen im »Faust« samt Mutter und Bruder schließlich in den Tod führt: »Am Golde hängt, zum Golde drängt doch alles, ach wir Armen!«

Der Umgang mit Geld ist im Prinzip einfach. Man muss froh und dankbar sein, dass und wenn man genug zum Leben hat. Darüber hinaus sollte man helfen, wenn man mit Geld helfen kann. Man sollte die Kinder nie vergessen lassen, dass »Geld nicht aus dem Wasserhahn fließt« (dies nun ein Wort meines Großvaters), sondern von jemandem verdient wird. Ein Gegenwert also für eine Arbeit oder eine Leistung.

Mit Geld sollte man nicht angeben, schon gar nicht mit dem, das einem nicht gehört. Vor einigen Jahren, noch in der Zeit der Wirtschaftsblüte, speisten zwei mächtige Vorstands- oder Aufsichtsratsvorsitzende zweier Chemiefabriken gut und lange, tranken die passenden Weine dazu und gebärdeten sich zunehmend zufriedener. Im Grunde waren sie Konkurrenten, aber »wir müssten eigentlich mal etwas zusammen machen!« Gesagt, getan. Sie ließen eine Fabrik bauen, in der ein Stoff hergestellt wurde, der auf der ganzen Welt nur in relativ begrenzter Menge gebraucht wurde. Und ihre Fabrik produzierte das Doppelte dieser Menge für einen Markt, der bereits vor dem Fabrikbau mehr als gesättigt war.

Das war Umgang mit Geld, das ihnen nicht gehörte und das nicht im Geringsten ausschließlich Firmenkapital war: Irgendjemand hatte ja die Produkte der beiden Chemiekonzerne mit seinem sauer verdienten und üppig versteuerten

Geld gekauft und bezahlt, zu einem so hohen Preis, dass unsere beiden Bosse beim Bordeaux oder Burgunder etwas zum Vergeuden hatten.

Es gibt unzählige Beispiele dieser Art: Bürgermeister lassen Krankenhäuser bauen, die nicht benötigt werden und leer stehen bleiben. Sie lassen Asphaltstraßen zu den Almen bauen, auf denen sich lediglich die Kühe beim Almabtrieb die Haxen brechen. Ministerpräsidenten lassen Kanäle vollenden, die schon im Mittelalter nicht fertig gebaut wurden, weil kein Bedarf bestand. Man schlage nur eine Zeitung auf, um diese Liste fortzusetzen.

Mit Geld sollte man nicht angeben, schon gar nicht mit dem, das einem nicht gehört.

Immer handelt es sich dabei um unser Geld, um unsere Steuern, die mit so vollen Händen zum Fenster hinausgeworfen werden, wie es jene Leute mit ihrem eigenen Geld niemals täten. Gerade die Politiker bieten die skandalösesten Beispiele für die verwerfliche bis verbrecherische Art, mit Geld umzugehen.

Das macht Schule: Weiß ein Student, dass er auf Kosten der Steuerzahler lebt? Dass sein Studienplatz – je nach Fakultät – vierzigtausend bis hunderttausend Euro kostet? Wie geht er mit diesem Geld der Allgemeinheit um? Wie bedanken sich Schulkinder, wenn die Eltern beispielsweise das Geld für einen neuen Anstrich der Klassen- und Waschräume gesammelt haben und nun alles hell und sauber strahlt? Sie bemalen und zerkratzen Tische und Wände – und die Eltern seufzen nur und sagen, da könne man eben nichts machen.

Der Umgang mit dem Geld. Wenn ein EU-Bürger ein Kilo Rindfleisch kauft, gehen seit Jahren und Jahrzehnten vierzig oder fünfundvierzig Prozent als Abschöpfsumme an die EU. Und was haben die EU-Politiker für diese Zwangsabgabe für uns geleistet? Und für die armen Rindviecher?

Einer meiner Journalisten-Kollegen ärgerte sich lange vor dem Reinfall mit den gefälschten Hitler-Tagebüchern

über den großkotzigen Umgang mit dem Geld, das Verlags-
leitern und ähnlichen Personen zur Verfügung stand. Er
schrieb auf eine Reiseabrechnung: Für nichts und wieder
nichts: 2000 Mark. Die Unterlagen wurden wie üblich kon-
trolliert, für korrekt befunden, und man erstattete ihm die
nicht ausgegebene Summe. Er sagte: »Der Skandal beruhte
nicht darauf, dass die Zahlen nicht ordentlich geprüft
wurden, sondern dass der Verlagsleiter, dem ich die Unterlagen samt dem Geld auf den Schreibtisch legte, nur die
Achseln zuckte und sagte: ›Na und? Hätten Sie ja behalten
können!‹«

Am Umgang mit dem Geld enthüllt sich der Charakter.
Goethes Vater hat als junger Ehemann ein Liber domesticus
begonnen, ein Haushaltungsbuch. Darin trug er, gelehrt wie
ein Mann in seiner Stellung damals war, auf Lateinisch täglich alles ein, was er für den Haushalt ausgab, von »hundert
verschiedenen Äpfeln« bis zur »Frühlingswäsche«, »einen
hölzernen Degen für den Filius« oder »Göttinger Würste«,
auch »für die Hebamme«, »für die Armen«, »für die Flei-
scherswitwe« oder das Trinkgeld für den Mann, der den Keh-
richt wegfuhr (wer nämlich nicht vor seiner Türe kehren ließ
und die vom Rat festgesetzte Summe für die Abfuhr nicht
zahlte, bekam seinen Dreck einfach wieder ins Haus oder auf
den Hof zurückgefegt!).

Diese Übersicht half Vater Goethe, sein Hauswesen gut
und durch Umbau-, Kriegs- und Besatzungszeiten zu führen.
Das Kind Wolfgang, einzig überlebender Sohn, hat diesen
Umgang mit Geld verfolgt und später im kleinen, auch von
Kriegen verschuldeten Herzogtum Weimar und in seiner

eigenen sehr großen und gastfreien Haushaltung beherzigt. Als seine verwitwete Schwiegertochter Ottilie für den unterdessen alten Schwiegervater die Wirtschaft führte, da zeigte es sich, dass sie zu Hause nicht viel Vernünftiges gelernt hatte. Sicher, nett zeichnen und singen und Ähnliches konnte sie, doch sie besaß keinen rechten Begriff vom Geld. Für ihre Familie, die zum Hofadel gehörte, galt wohl schon die bürgerliche Regel »Vom Gelde spricht man nicht!«, die eigentlich der christlichen Bescheidenheit entstammt. Sie wurde missverstanden. Denn vom Gelde sprechen heißt nicht: damit protzen.

Vom Geld muss man aber sprechen, weil man sonst den Umgang mit dem Geld nicht lernt, weil sein Besitz nicht nur Sicherheit verleiht, sondern zugleich Verantwortung bedeutet. So griff der Greis Goethe wieder selbst zu den Schlüsseln von Schrank, Truhe und Keller und brachte das Seine in Ordnung.

Am Umgang mit Geld zeigt sich auch »des Lebens ernstes Führen«. Man muss sich eingestehen, wie nützlich und wie notwendig Geld ist und wie leicht der Umgang damit im Grunde genommen ist, wenn man den Begriff »Ordnung« richtig versteht und sich vom Geld nicht blenden lässt – vor allem wenn man mehr davon hat, als man tatsächlich braucht.

> Der Besitz von Geld verleiht nicht nur Sicherheit, sondern bedeutet zugleich Verantwortung.

ÜBER DEN UMGANG
MIT VERWANDTEN

Verwandte kann man sich nicht aussuchen. Das gilt gleichermaßen für Mitschüler, Kollegen und Clubkameraden. Es gibt aber einen Unterschied zwischen diesen Menschengruppen, in die man im Lauf seines Lebens hineingerät: Die Schule verlässt man. Den Job kann und wird man wechseln. Aus dem Club kann man austreten.

Die Familie jedoch ist immer und ewig und an allen Orten präsent. Sie wartet auf den, der sich entfernt hat. Sie taucht in Form von Vettern, Stiefneffen und Tanten dritten Grades stets dann auf, wenn ein Mensch meint, gerade frei zu sein, ein Einzelwesen individuller Art. Ohne die Fesseln, die ihn an die Sippe und an seine längst abgelegten Torheiten erinnern. Lilienthal, einer der ersten deutschen Flugpioniere, soll einmal gesagt haben, er wäre schon viel weiter in seiner Arbeit, wenn ihm die Familie nicht wie ein Klotz am Beine hinge.

Was soll man also mit diesen einem Mitgegebenen machen? Im Prinzip: Sie wie alle anderen behandeln, wobei die Verwandtschaft paradoxerweise den Umgang mit Nichtverwandten besonders schwer machen kann. Denn wenn das Kind noch kein Wort spricht, versteht es am Ton, wie seine Familienpersonen miteinander umgehen und zueinander stehen. Und je älter das Kind, desto besser lernt es, zwischen den Wörtern zu verstehen. Blüht auf, wenn es im Frieden seiner Bezugspersonen lebt. Ahmt alle Tücken und Heucheleien als selbstverständliche Umgangsformen nach, wenn es in Zank und Heimtücke aufwachsen muss. Nimmt die Grobheit der Dummen an, zwickt und prügelt kleine Geschwister und später Schulkameraden, wenn es selber mit Püffen und Prügeln erzogen wird.

Wenn es aber aus anderem Holz als seine schlechten Beispiele geschnitzt ist, muss es als Erwachsener schmerzlich und lange an sich arbeiten, um sich so zu verhalten, wie es ihm nun für richtig erscheint. Was man in diesem Sinne als richtig bezeichnen könne? Nun: das Gegenteil der schlimmen Beispiele. Nicht heucheln und lügen. Nicht zwicken und zwacken. Nicht prügeln und demütigen.

Die Familie ist die erste Schule des Benehmens. An den verschiedenen Familienmitgliedern erkennt man die unterschiedlichen Spielarten des Verhaltens, die verschiedenen menschlichen Charaktere mit den ihnen eigentümlichen Reaktionen auf andere, auf Ehepartner, Erbonkel, Geschiedene, Angeheiratete, Kinder und Alte jeglicher Art.

Der Familie kann keiner entkommen. Deshalb ist sie die erste Schule des Benehmens.

Nun gibt es erfreulicherweise in jeder Familie mindestens eine Person, die einem den Umgang leicht macht. Eine Person, der schon die Kinder in der Wiege entgegenstrahlen. Eine auf den ersten Blick einnehmende Person. Manchmal auch ein alter Knurronkel mit dem berühmten goldenen Herzen unter der harten Schale, das man erst entdecken muss.

Bleiben wir bei der ersten Spielart der geliebten Verwandten, ob weiblich oder männlich. Sie freut sich, wenn man sie sieht, besucht, zufällig trifft, ist aber nie beleidigt, wenn man sich nicht ständig um sie kümmert und ihr um den Bart geht. Sie hört wirklich zu, wenn man von sich erzählt.

Sie nimmt jüngere Verwandte als Personen wahr, die sich entwickeln, legt sie also nicht auf das zufällige Kindheitsbild
oder auf den Typ des aufmüpfigen Teenagers fest, die ja Über-
gangserscheinungen zum wahren Ich sind.

Eine Verwandte dieser Art behandelt man fast automatisch so, wie es den Regeln des guten Tons entspricht: höflich,
rücksichtsvoll, liebevoll. Man denkt an den Geburtstagsgruß,
ruft an oder schickt zumindest eine Karte, man meldet sich
zu anderen Gedenktagen, man ist hilfsbereit, wenn Hilfe gebraucht wird, und bietet diese an, ehe darum gebeten wird.
Und weil man diese Verwandte das ganze Leben lang kennt,
weiß man genau, was sie gern hat und wie sie es gern hat und
richtet sich danach. Weil sie stets offen und gelassen bleibt,
ist man gern mit ihr zusammen.

Der Grummelonkel steht für die introvertierten Verwandten, die aus welchen Gründen auch immer erst einmal auf
bärbeißig machen. Vielleicht wollen sie einfach ihre Ruhe
haben. Vielleicht brauchen sie länger, um einem anderen
Menschen Vertrauen und Zuneigung zu schenken. Vielleicht
haben sie Erfahrungen gemacht, die sie misstrauisch werden
ließen. Auf jeden Fall wäre es leicht, ihnen einfach ein Etikett
anzukleben und zu seufzen: »Ach der! Muss ich den
einladen? Zu Weihnachten schreiben?« Und sich
nicht weiter um ihn kümmern.

Möglicherweise geschieht das, wenn das Kind
von den Eltern nur Abfälliges über jene Person zu
hören bekommen hat. Dann scheint das Kind von
ehedem ein Recht darauf zu haben, den brummigen
Verwandten ebenso, nämlich schlecht und, was schlimmer
ist, gleichgültig zu behandeln. Dann wird gar nicht mehr
gefragt: Wie ist dieser Verwandte wirklich? Er wird nach
überlieferten Behauptungen behandelt. Und das ist einfach
takt- und herzlos.

Es sind die
»schwierigen Fälle« in
der Verwandtschaft,
die uns den Ernst des
Lebens lehren.

Wie man aber jemanden richtig kennen lernen kann, der offensichtlich von der Familie gar nichts wissen will? Offensichtlich? Das sollte man überprüfen. Tut man das, so kann man denjenigen meist in die erste Gruppe der geliebten Verwandten einreihen und hat einen Gewinn fürs Leben.

Natürlich finden sich in jeder Familie unausstehliche Mitglieder. Zankäpfel, Übelnehmer, solche, denen es keiner recht machen kann, und andere, die einem jedes Wort im Munde umdrehen und gegen einen selber verwenden. Mit ihnen auszukommen ist eine tägliche Übung in christlicher Nächstenliebe, denn in der Regel hat eine sachliche Auseinandersetzung keinen Sinn. Man kann nur alle Taten und Gesprächsstoffe meiden, die zu den üblichen Ausbrüchen und Vorwürfen führen.

Auf jeden Fall sind diese Verwandte die wahre Schule der Höflichkeit, und zwar aus den beiden Gründen, die unsere Handlungen so oft motivieren. Man kann einer missgünstigen Tante aus rein praktischen Erwägungen mit derselben unerschütterlichen Höflichkeit begegnen wie einem unangenehmen Kollegen oder einer intriganten Nachbarin. Denn absolute Höflichkeit macht unangreifbar oder zumindest unangreifbarer, als wenn man sich jedes Mal wieder mit Inbrunst in die Auseinandersetzungen locken ließe, auf die es der Betreffende angelegt hat. Wer sich gar nicht erst auf die Ebene der Gefühle begibt, bleibt frei, kann nicht verletzen und wird nicht verletzt. Hält man sich an ihre Spielregeln, so verhilft Höflichkeit zu einem relativ spannungsfreien Umgang mit Leuten, die einem gleichgültig sind oder die man nicht ausstehen kann.

Der zweite Grund steckt in dem anderen Aspekt der Höflichkeit. Höflichkeit kann auch mit Nächstenliebe zu tun haben, mit dieser altmodischen Tugend, die Menschen aus Liebe zu Gott verpflichtet, das eigene Ich etwas hintanzustellen und an den anderen zu denken. Diese Tugend ist in den Jahrzehnten scheinbar überflüssig geworden, in denen in unserem Land die soziale Sicherheit wuchs und Versicherungen die Rolle der Menschen übernahmen, die sich zum Beispiel um die Alten und Kranken kümmerten, um die Witwen und Waisen, um die ohne Arbeit und Heim.

Heute hat jeder Anspruch auf Unterstützung des Staates – diesen Verwaltungsapparat, den wir mit Hilfe unserer Steuern dazu befähigen. Kranke, Einsame und Verwitwete werden nicht mehr von oder in ihren Familien versorgt, sondern Institutionen und fremden Menschen in den betreffenden Einrichtungen überlassen. Und werden dort oft vergessen. »Aber wenn die Frau Tante tot ist, steht die Familie sofort auf der Matte und fragt: Wo ist der Ring? Wo ist das Geld? Wo sind die Sparbücher?«, wie eine Heimleiterin sagte.

Zumindest das Vergessen könnte man verhindern und den Umgang nicht abbrechen, die Menschen nicht des Trostes berauben, von Zeit zu Zeit mit jemandem wirklich Nahestehenden zu sprechen. Es geht schlicht um die Tatsache, dass Leid sowie Kummer zu unserem Leben gehören, dass Glück nicht ewig währt und dass der Mangel an Glück und Jugend und Liebe und Vermögen und Gesundheit schmerzt. Und dass dieser Schmerz auf jeden von uns wartet – mag sich die Fun-Gesellschaft auch mit Super-Events den Blick auf die Zukunft verflirren.

Mitfühlen bedeutet: unvermeidliche Verluste erkennen und diejenigen so liebevoll, so herzlich, so geduldig, so uneigennützig wie möglich behandeln, die unter diesem Kummer leiden oder von ihm so verändert worden sind, dass sie nur noch mit Neid und Missgunst, Misstrauen und Selbstsucht ihr letztes bisschen Ich gegen die Welt verteidigen können.

Auch oder vielleicht gerade wenn man im Glück lebt, ist es nicht einfach, mit verbitterten Menschen umzugehen. Erst recht nicht, wenn sie uns nahe stehen und uns deshalb so leicht verletzen und in ein stetes Ritual der gegenseitigen An- und Vorwürfe zwingen können. Doch im Umgang mit diesen Menschen lernt man, dass man aus diesem Teufelskreis heraustreten kann. Man versuche es nicht mit der Beschwörung von Wahrheit und Gerechtigkeit. Was ist schon Wahrheit? Was Gerechtigkeit? Man mache lediglich klar: »Ich spiele dieses Spiel nicht weiter mit!«, und bleibe in der Folge fest, lasse den oder die Verwandte aber deshalb nicht im Stich. Verwerfe sie nicht. Klage nicht über sie in Gegenwart der nächsten, der Kindergeneration. Lehre gerade sie, das Gute in jedem Menschen zu entdecken, die Alten und Schwierigen zu achten und zu dulden. Mache den guten Umgang mit ihnen vor: Rufe sie an. Schreibe ihnen Briefe. Lade sie ein. Besuche sie. Es gibt auf der weiten Ebene des Lebens immer einige Inseln, auf denen man sich gefahrlos gemeinsam bewegen kann.

So hält man die Verbindung aufrecht, und nur so haben Familien Bestand. Bereitet dem einen der Umgang mit der schwierigen Person Mühe oder Verdruss – wer weiß, was dieser Schwierige für die nächste Generation bedeutet. Da kann dann, ohne die explosive Intimbindung und aus der Distanz der Jahre heraus, eine ganz andere freie, glücklichere Konstellation entstehen, die der eigene, vielleicht schwer erkämpfte angemessene Umgang mit dieser Person erst möglich gemacht hat.

Und so sehr auch von vielen über die Institution Familie geschimpft, geklagt und gelästert wird: Sie ist in der ständig anonymer werdenden Welt ein Hort von mehr, als es Familienhasser im Glanz ihrer Jugendkraft oder auf dem Höhepunkt von Singlekarrieren wohl vermuten.

Über den Umgang mit Küssen

»Wenn wir uns küssen wollten«, erzählte mein Patenonkel voller Behagen, »so sind wir auf den Bahnhof gegangen. Gegen Abschiedsküsse konnte keiner etwas haben. Und sobald der eine Zug abgefahren war, sind wir auf den anderen Bahnsteig gerannt.«

Das war damals, als sich dieser Patenonkel während des Studiums sein Geld als Drache in Langs »Siegfried«-(Stumm-) Film verdiente, drinnen in dem Ungetüm steckte und das riesige Pappmaul auf- und zuklappen ließ. Die Inflation hatte gerade alle gleich gemacht, doch die bürgerlichen Anstandsregeln galten weiter, zumindest als Wort. Man küsst also nicht in der Öffentlichkeit! Keine Dame, keinen Herrn, keine Hände! Das war vollkommen selbstverständlich, genauso wie es als ungehörig galt, wenn ein Herr einer Dame in der Öffentlichkeit die Hand auf den Unterarm legte, und sei es in einem noch so interessanten Gespräch.

Also: keinen Körperkontakt, keine Gefühle zeigen. Heute fragt sich vielleicht manch einer: Gefühle? Was hat Küssen mit Gefühlen zu tun? Höchstens mit dem Gefühl der Angst. Durch den Speichel mittels Tröpfchenübertragung gerät man heute, falls man Pech hat, in die Gefahr so vieler Infektionen, dass man nur chemisch gereinigte Küsse zulassen dürfte.

Ach, was waren heimliche Küsse für ein aufregendes Ereignis. Sie sind es übrigens noch immer.

Geküsst wird trotzdem so öffentlich und reichlich wie nie zuvor. Man sieht die Kussszenen im Fernsehen und auf Zeitungspapier gebannt, denn für die Promis sind Küsse längst zu einer relativ preiswerten Werbemaßnahme geworden. Bei einer Gala und bei Film- oder Wohltätigkeitsbanketten küssen die Schauspieler routiniert locker und in die Luft, wohl wissend, dass es mit dem einen Kuss nicht sein Bewenden hat. Jeder Berühmte muss jeden Berühmten küssen, weil beim Küssen fotografiert wird, und nur wer fotografiert wird, ist berühmt.

Bei solchen Küssen werden die Augen nicht geschlossen. Im Gegenteil, man hält mit gespitzten Lippen scharf Ausschau nach einem vielleicht prominenteren Kusspartner, mit dem man möglicherweise auf einer Titelseite landet.

Die Augen offen: Das sieht man auch bei dienstlichen Küssen, die sich Landes- oder Bundesminister geduldig von Wein- oder Blumenköniginnen auf Messen und Ausstellungen auf die Wange hauchen lassen. Rückküsse sind in diesen Fällen nicht obligat, aber möglich.

Es gibt ein altes Pressefoto von Hermann Höcherl, der den politischen Kuss zu seiner persönlichen Angelegenheit machte, die volle Verantwortung dafür übernahm und die Aufgabe mit festem Griff und Gründlichkeit erledigte. Er war mit anderen Politikern zum Meinungsaustausch mit deutschen Filmschaffenden von Bonn nach Berlin gekommen. Die von ihm Geküsste war Maria Schell, und auch wenn Genscher, damals Bundesinnenminister, im Vordergrund des Fotos schadenfroh lachte, hat die Schauspielerin die Situation doch mit Bravour gemeistert. Wie? Sie machte gute Miene zum Schaukuss und wischte Höcherl danach den Lippenstift vom Mund. Küsse dieser Art brauchen geradezu die Öffentlichkeit, denn sie haben nichts mit Liebe und Erotik zu tun, sie besitzen reinen Werbewert.

Wenn sich gute Freunde treffen, so wird geküsst, wie es kommt, mit Herzlichkeit und fest auf die Backe, und dabei spielt das Geschlecht der Küssenden keine Rolle. Herr darf Dame küssen, Dame darf Herrn küssen und muss sich nicht zieren, wenn ihr ein Kuss naht. Einer umarmt dabei den anderen, und keiner küsst nur fürs Foto. Das wäre dann Zufall oder ein Schnappschuss fürs Familienalbum.

Das nächste Thema: Küsse statt Handschlag zur Begrüßung. Sie haben sich in der letzten Zeit wie ein Steppenbrand verbreitet und gelten als schick. Wer sich nicht von jedem abbusseln lassen möchte, besitzt alles Recht der Welt, einen Hauch zurückzuweichen und dadurch deutlich zu machen: mich bitte nicht!

Ein anderer öffentlicher Kuss: Er wird mit dramatischer Geste und mitten auf den Mund platziert, wenn es um den politischen Bruderkuss geht. Dabei drücken sich die küssenden Herren gleichzeitig fest und für alle sichtbar die Hände. Dieser Kuss befremdet nach wie vor, weil er in unseren Breiten wenig üblich ist. Dabei ist der Kuss mit Umarmung unter Männern als Gruß, als Akkolade – wortwörtlich übersetzt als Umhalsung – uralt, und dass er von jeher seine Tücken hatte, weiß man seit Judas. Diese Akkolade ist eine jener fremden Sitten, die wir durch das Fernsehen kennen lernten. Ihr eindrucksvollstes Beispiel war der Kuss im Kreml, mehrmals auf beide Wangen, im Wechsel, und in die Luft. Mir kommt es so vor, als ob heutzutage weniger Bruderküsse getauscht würden. Kann sein, dass sich die ehemaligen Partner und Nachbarn nicht mehr als Brüder fühlen. Dann wären Küsse schon besser.

Alle Beispiele zeigen, wie sehr sich die Umgangsformen geändert haben. Noch vor den Zeiten des Eisernen Vorhangs im Osten galt in Deutschland: Der Kuss als Begrüßung ist schlechtklassig und wird von Menschen mit Kultur in der Öffentlichkeit vermieden.

Manchmal kommt ein Kuss auch völlig unerwartet: Im März 1985 küsste ein Straßenräuber in aller Öffentlichkeit eine alte Dame in Baltimore, die bei seinem Griff nach ihrer Handtasche umgekippt war und gejammert hatte: »Ich bin doch schon gestern überfallen worden!« Der Räuber stellte die Frau kurzerhand auf die Beine, gab ihr einen Handkuss sowie die Handtasche zurück und entschwand. »Das«, bemerkte die alte Dame, »war doch beste Erziehung!«

Mit Küssen kann man wirklich viel erreichen.

Nun bleibt noch die unsterbliche Frage offen: Küsst man Hände? Wie und wo? Wie steht es mit dem Handkuss unter freiem Himmel? Der arme Handkuss! Immer wieder totgesagt, ausgeübt, verspottet, auferstanden. Also: Herr küsst Dame nicht wirklich die Hand, sondern die Luft über derselben. Das ist ja wohl bekannt, und es müsste lediglich ergänzt werden: Herr reißt dazu nicht die Hand nach oben, sondern neigt sich elegant darüber. Dame reckt Herrn die zu küssende Hand nicht so pathetisch entgegen, wie man es in manchen Filmen sieht. Herr küsst keinen Handschuh. Ob Herr Damenhände unter freiem Himmel küsst oder nicht, wird heute nicht mehr so streng gesehen.

Goethe küsste einst einer Hofdame die Hand. Skandal in Weimar!

Ob man Kindern Handibussi beibringt oder nicht, hängt davon ab, ob man in einer Handibussi-Gesellschaft lebt oder nicht. Wenn einem Handküsse gefallen, lernt man sie auch später, als Erwachsener, ziemlich schnell. Dann lernt Herr auch, welche Dame keinesfalls auf die Hand geküsst werden will: Sie übt diesen gewissen leisen Druck nach unten just in dem Moment aus, in dem sich der Herr über ihre Hand zu neigen beginnt – aber keinesfalls so sportlich kräftig, dass der Arme vornüberkippt.

Gerade bei einem so sensiblen Gegenstand wie dem Kuss gilt die goldene Regel des guten Tons: nichts übertreiben!

Über den Umgang mit Anstand

Anstand – das ist ein Gummiwort, ein Wort wie der Gummi-Twist.

Wenn man den Rhythmus hat und im richtigen Augenblick mithüpft, ist alles im Einklang, und ich und die Mithüpfer und die Nichthüpfer, die uns zuschauen und die wichtigste Rolle spielen, nicken, lächeln und nicken. In diesem Wohlwollen baden wir uns wohlig und ein bisschen eingebildet. Ja, wir haben es richtig gemacht, wir sind nicht aus der Reihe gesprungen, wir haben uns anständig benommen.

Aber was heißt das denn schon: anständig. Ein Sammelbegriff für alles, was eine Gesellschaft oder eine Gruppe der Gesellschaft im Augenblick für angemessen hält. Verhaltensmäßig. So stehst du, so gehst du, so sitzt du, so schnäuzt du dich und so weiter. Anständig: die ungeschriebenen Gesetze, die ungeschriebensten, die man sich vorstellen kann. Nur durch Beispiele zu lernen, mindestens kindheitslang, manchmal lebenslang. Case law, wie in der englischen Rechtsprechung, und ebenso skurril und bisweilen unvorhersehbar.

Manchmal richten sich alle flink und fügsam danach, manchmal sagen sie verächtlich: Drill und Dünkel! Und tun genau das Gegenteil. So kommt Schwung in die Sache und der Anstand zu neuen Inhalten.

Der junge Goethe brachte die Weimarer Hofgesellschaft mit ihren fest gefügten Anstandsregeln in Aufruhr, weil er mit seinem zwanzigjährigen Herzog Sturm und Drang spielte und in Reitstiefeln statt in eleganten höfischen Schnallenschuhen sowie mit wild flatternden Haaren statt mit anständig weiß gepuderten Zöpfen durch die Gassen der kleinen Residenz rannte und tobte und galoppierte, dass der Staub nur so wölkte. Geflucht und geschrien haben sie noch dazu und sich wahrscheinlich im Gartenhaus, das eine rechte Bruchbude war, über die verschreckten Bürger halb zu Tode gelacht und dabei die schmutzigen Stiebel auf den Tisch gelegt – wenn es dort schon einen Tisch gegeben hat.

Was aber ist aus den beiden Männern geworden? Wie hatten sie den steifen Anstand auf den Kopf gestellt, wie wenig gelang es Charlotte von Stein, aus Goethe einen anständigen Hofmann zu machen, wie halfen andererseits diese Vorschriften und Beschränkungen nicht nur Goethe, etwas Neues und Größeres und Anderes zu entwerfen!

Nun ist nicht jeder ein Goethe, nicht einmal ein Herzog. In jedem steckt jedoch der Drang, die Anstandsregeln, die ihm vorgesetzt werden, über den Haufen zu werfen. Und eigentlich steckt auch in jedem die Neugier, hinter das Geheimnis der Anstandsregeln zu kommen, und diesen Drang sollte man nicht unterdrücken.

Warum? Das ist die richtige Frage, und sie schenkt uns – hoffentlich – nicht nur eine Erklärung, sondern bringt die Anstandsverfechter dazu, über ihre apodiktischen Befehle nachzudenken.

»Schmeiß dich nicht so in den Sessel!«

»Warum denn nicht? Was regst du dich so auf?«

»Weil er von meinem Großvater stammt und deine Wucht nicht mehr lange aushält. Und du willst ihn schließlich einmal erben!«

»Setz dich anständig hin!«

»Wie denn?«

»Setz dich gerade hin!«

»Warum?«

»Weil es scheußlich aussieht, wie du mit einem runden Buckel dahockst. Weil du dir den Magen einschnürst. Weil der Mensch in jeder Lage Haltung bewahren sollte. Wer wie ein schlaffer Sack auf einem Stuhl hängt, ist eher ein Weichei als ein Mensch.«

Wieder: »Setz dich anständig hin!«

»Wie denn?«

»Nicht so breitbeinig wie ein Kutscher!«

»Warum?«

Jetzt könnte die Sache knifflig werden. Seit Oswald Kolles Aufklärungsfeldzug, seit der sexuellen Revolution der sechziger und siebziger Jahre gelten keine Tabus mehr. Wer abends den Fernseher einschaltet, sieht Nackte in jeder Stellung, die freien Blick auf ihre Breitbeinigkeit gestatten. Wer im Sommer durch die Städte geht, könnte denken, er sei am Badestrand.

Ja aber: Haben sich denn die Männer im Mittelalter nicht den Phallus mit Rosshaar so ausgepolstert, dass sie gar nicht die Beine spreizen mussten, um damit zu protzen? Und tragen nicht neunundneunzig Prozent der Mädchen Jeans, so dass sie wirklich so breitbeinig wie ein Bierkutscher dasitzen können, weil es ohnehin nichts zu sehen gibt?

Trotzdem. Ich bin gegen die Breitbeinigkeit. Warum? Weil ich alt und prüde geworden bin und neidisch auf alle, die noch etwas zu bieten haben? Das wäre keine Erklärung, sondern eine Unterstellung, und eine ziemlich oberflächliche obendrein. Ich sitze, während ich diese Wörter auf mein Blatt Papier schreibe, das von einem Klemmbrett gehalten wird, breitbeinig auf meinem Sofa, weil ich so mit Brett und aufs linke Knie gestützter haltender Hand am besten zurechtkomme. Nur: Ich sitze in meinen eigenen vier Wänden, in meiner privaten abgeschlossenen Welt, in der ich tun und lassen kann, was mir bequem ist und was mir beliebt.

> Ich will Herr meines Körpers sein und bleiben – und davon bringt mich keine Mode ab!

Wenn ich diese Sphäre verlasse, möchte ich sie dennoch bewahren. Ich will nicht jedem alles von mir preisgeben. Ich weiß, wie ein Schritt samt Vagina aussieht. Ich weiß, dass es vermutlich jeder weiß, doch ich will meinen Schritt, meinen Busen, meine Pobacken nicht öffentlich machen. Wie heißt der Kampfruf der Feministinnen? »Mein Bauch gehört mir!« Und das darüber und darunter eben auch.

Ich will Herr meines Körpers sein und bleiben, und keine Mode bringt mich davon ab, dieses Recht als Zurückhaltung zu definieren. Ich lasse nicht jeden in mein Heim und in meine Welt, und ich will immer die Möglichkeit haben, Distanz und Nähe auszuspielen, Vertrautheit und Vertraulichkeit, Freundschaft und Liebe zu dosieren.

Und ich will darauf aufmerksam machen, dass Breitbeinige mit dem Feuer spielen, im wahrsten Sinn des Wortes: mit dem Feuer der Leidenschaft, des Triebs, vielleicht des mörderischen Triebs. Es gibt einen Unterschied zwischen weiblicher und männlicher Geschlechtlichkeit, der nicht zuletzt im unkontrollierbaren Ausbruch der Gewalt liegt. Und dazu gehört die Ausrede oder der Rechtfertigungsversuch: »Sie hat es ja gewollt. Sie hat es herausgefordert.«

»... Und führe uns nicht in Versuchung...« Das ist ein Satz, den man mit dem ganzen Vaterunser nicht nur gedankenlos herunterbeten sollte.

Sitz also gerade, kankel nicht herum, kippel nicht mit dem Stuhl! Nimm dich zusammen! Ein wunderbares Bild! Man sieht unseren schlaffen Sack, wie er gerafft und in Form geknufft wird. Nimm dich zusammen! Das strafft und man hat plötzlich Halt gewonnen, und wenn man sich so in den Griff bekommt, hat man über sich und den Anstand nachgedacht, und das ist der beste und der einzige Beginn eines anständigen Lebens.

ÜBER DEN UMGANG
MIT STOLZ

Als ich in Berlin in die Volksschule ging, fragte mich ein Kind aus meiner Klasse: »Bist du nicht stolz, eine Gräfin zu sein?«

Ich wusste nicht, was ich antworten sollte, und fragte nach der Schule meinen Vater: »Bist du nicht stolz, ein Graf zu sein?« »Erstens«, erwiderte er, »heißt es: Bist du nicht stolz darauf, dass … Zweitens kann man nicht stolz auf etwas sein, für das man selber nichts geleistet hat. Und drittens ist der Stolz eine der sieben Todsünden.«

Später sah ich Stolz und Hochmut von Markat und anderen Malern gemalt, und es waren Gestalten ohne Geschichte, nur Prunk und prächtige Gewänder, Posen, und es fielen mir die Sportwettkämpfe der HJ ein. Sie sollten »Hitlers Jugend« ertüchtigen und stärken, weshalb sie regelmäßig stattfanden. Das wäre sicher gesund gewesen. Es ging aber um Stolz. Wer siegte, war ein Held, war stolz auf sich und seinen prachtvoll funktionierenden Körper. Und diese ein oder zwei Sporthelden glühten vor Stolz vor sich hin, während die anderen auf dem Rasen saßen und die Versager spielten. Oder sich eifrig befleißigten, Hilfestellung zu leisten, wie das hieß, wenn man den Sand in der Sprungkiste nach den Heldensprüngen wieder schön glatt rechen durfte. Oder wenn man das Metermaß an einem Ende festhielt, während am anderen Ende stolz abgelesen wurde, wie weit geworfen oder gesprungen worden war.

Ja, es ist schön, wenn jemand einen Speer weit über eine Wiese werfen kann. Wenn jemand ein Medikament erfindet oder ein Mittel, um das Ozonloch zu stopfen. Menschliche Leistung hat etwas Befriedigendes, und deshalb neigen Menschen wohl dazu, jeden Anlass zu nutzen, um dieses befriedigte Selbstgefühl zu erzeugen. Doch ist es wirklich eine Leistung, Speere weit zu werfen? Hängt das nicht nur von einer gewissen Muskelbeschaffenheit ab, die den Speerwerfer dazu befähigt, mit dem Speer eine bestimmte Parabel zu beschreiben? Und was hat der Speerwerfer für einen Nutzen in einer Zeit, in der wir kein Wild mehr jagen, sondern so viel Vieh besitzen, dass wir es erschlagen und verbrennen müssen?

Als ich in der Schule Latein als Fach bekam, lernte ich, dass das Wort »Stolz« – wie viele andere deutsche Wörter – eine lateinische Wurzel besitzt und von »stultitia« gleich »Dummheit« stammt. So sagt auch das Sprichwort: Dummheit und Stolz wachsen am selben Holz. Der Stolze meint, sich über die anderen erheben zu können. Manchmal klappt das und hält, wie jeder verfolgen kann, eine Weile an. Es geschieht aber auf Kosten der jeweilig anderen. Man ist nicht stolz im leeren Raum – im Gegenteil, man braucht den Umgang mit den anderen, damit die Distanz zu ihnen deutlich wird.

Hochmut kommt nicht so oft vor dem Fall, wie es das Sprichwort verspricht. Aber er isoliert. Die Stolzen glauben: weil sie elitär und etwas Besonderes seien. In Wirklichkeit isoliert der Stolz, so wie jede Dummheit, weil er so unergiebig ist. Da hat jemand einen Speer weit geworfen. Da ist einer mit dem Auto schnell gefahren. Na und? Na: Geld und Ruhm! Promi-Leben. TV-Show. Ist das nichts? Kann nicht jemand mit so überwältigenden Siegen, auf die die ganze Nation stolz ist, selber stolz seinen Champagner auf die Nichtsieger spritzen lassen? Ja, er kann. Er sollte jedoch wissen, dass die Leute nach ein paar Wochen oder spätestens ein paar Monaten fragen werden: »Der X? Wer war denn das?« Oder schlimmer: »Gibt's den noch?«

Wenn es jemanden vor Stolz bläht, sollte man friedlich abwarten, bis die Luft wieder weicht. Liegt einem viel an dem Geblähten, so sollte man vielleicht eine Weile gar nicht mit ihm umgehen, denn es schmerzt, den Stolzen so dumm zu sehen und so blind für jegliche Vernunft. Manchmal allerdings geht das Schicksal so mit ihm um, dass er wieder umgänglich wird. Dann aber Vorsicht! Nicht an die offene Wunde des verletzten Stolzes rühren. Schweigen und Takt, mehr nicht. Mehr kann man selber nicht verlangen, wenn man den Verlockungen des Stolzes verfallen wäre.

Hochmut kommt nicht so oft vor dem Fall, wie es das Sprichwort verspricht.

Wer mit dem Stolzen so umgeht wie vor dessen Verblendung, zeigt ihm oder ihr nicht nur, dass dreihundertstel Sekunden schnellere Schnelligkeit beim Abfahrtslauf oder zehn Stimmen mehr beim Grand Prix keinen anderen Menschen aus ihm oder ihr machen. Vor allem zeigt er, welche Eigenschaften wirklich etwas wert sind. Freundschaft in diesem Fall, Geduld und nicht zuletzt die Fähigkeit, über die eigene Dummheit zu lachen.

Über den Umgang
mit Rauchern

Einem Mann wurde gekündigt, weil er seinem Chef, einem Nichtraucher, verschwiegen hatte, dass er Raucher ist.

Einem anderen wurde im Flugzeug von einer Frau die Zigarre aus dem Mund geschlagen, weil er diese trotz der Bitte, weder Pfeife noch Zigarre zu paffen, angezündet hatte.

Ein Dritter, ein Jüngling mit frisch entflammtem Herzen, bekam von seinem Mädchen einen kurzen Brief, sie wolle sich nicht weiter mit ihm abgeben, da er von seinen Zigaretten nicht lassen könne.

Knicke in Erfolgskursen, aggressiv machende Zigarrenglut in der Flugkabine, gebrochene Herzen – wie gehen wir heutzutage mit dem Faible für Tabak um? Es braucht sich nur jemand eine Zigarette aus der Packung zu klopfen, schon holt ein anderer Luft, voller Empörung, schon räuspert sich ein Nichtraucher, voll des Vorwurfs, und Leute, eben noch bei Verstand und Contenance, zischen los wie die Schlangen.

»Darf ich rauchen?« Das war einstmals eine rein rhetorische Frage. Heute muss jeder, der sie zu stellen wagt, einen demütigen Buckel ziehen, muss sich klein und unterwürfig geben, muss leise flehen oder hündisch betteln. Die Geschichte von meinem Großonkel scheint ihren ganzen Witz verloren zu haben. Er saß nämlich, damals sicher bereits siebzig Jahre alt, vor der Wohnungstür im Stiegenhaus und schmauchte friedlich seine Pfeife. Als ich ihn erstaunt fragte, warum er in der Kälte und auf den

»Darf ich rauchen?« Das war einstmals eine rein rhetorische Frage. Heute muss man die Antwort fürchten.

Treppenstufen säße, antwortete er: »Mama mag's nicht, wenn in der Wohnung geraucht wird.«

Dass man auf die Grillen neunzigjähriger Mütter, die in der Tradition von Herren- oder Rauchzimmern aufgewachsen sind, so eingeht, war vor vier Jahrzehnten ausgesprochen komisch. Heute fragen die kriegerischen Nichtraucher:»Na und? Der Mann wusste eben, was sich schickt!« Heute könnte mein Großonkel wahrscheinlich froh sein, wenn ihn die Rauchgegner nicht von seiner Haustür scheuchten.

Offenbar brauchen manche Menschen Mitmenschen, die sie verächtlich machen, schikanieren und hassen können. Doch Feind allein reicht nicht. Das ist viel zu abstrakt. Ein Freund muss her, ein Alltagspartner, der einem immer wieder die Chance zum Fluchen und Keifen gibt. Die armen Raucher! Ja wirklich, die armen Kerle und Weibspersonen! Mein Mitleid sei verschwendet? Sie brauchten schließlich nur die Zigaretten wegwerfen und keine neuen kaufen?

Ach du liebe Zeit! Erstens können sie sich überhaupt nicht wehren. Alles, was sie zu ihrer Rechtfertigung oder ihrer Verteidigung sagen, wird gegen sie verwendet, und keiner will ihr Anwalt sein. Und zweitens: Die meisten Raucher würden Tränen der Dankbarkeit vergießen, wenn sie jemand von der Lulle kriegte. Wer raucht denn schon gern? Es kann sich kaum ein Raucher riechen am nächsten Morgen, erst recht nicht aus dem Mund! Der Anzug mufft nach kaltem Tabak. Haut und Haare, Sofakissen, Gardinen und Büstenhalter – alles ein einziger Gestank. Dazu der hartnäckige Raucherhusten, wenn man meint, man könne die Beine aus dem Bett schwingen, so flott und flink wie einst im Mai. Ganz von

unten röchelt sich das durch, und der Raucher krümmt sich
wie im Krampf. Wer das sein lassen könnte, der ließe es bis
in alle Ewigkeit, da gehe ich jede Wette ein.

Nur: Wenn mir mein Triebmittel so vermiest würde, wie
das die Nichtraucher mit den Rauchern machen, dann setzte
ich natürlich meinen Dickschädel auf, aber wie! Jedem würde
ich was pusten, der mir an meinen Tabak ginge, und wenn
ich mir danach die Seele aus dem Leibe husten müsste und
nachts nicht schlafen könnte, weil ich mir meine Lungen-
flügel von innen vorstellte.

Ich bin, wie man merkt, für einen lockeren Umgang mit
Rauchern. Ich bin für einen ganz normalen höflichen,
menschlichen, sachlichen Umgang mit ihnen und für Frie-
denspfeifen. Ich möchte gern sagen dürfen, dass
mich der Zigarettenrauch stört beim Vortrag oder
beim Taxifahren, ohne fürchten zu müssen, dass
mich der Taxler am liebsten aus dem Wagen schmisse
oder die ganze Fahrt über mault. Ich hätte gern
Nichtraucher-Warteräume in Flughäfen. Und ich
kann den Direktor meines Krankenhauses nicht verstehen,
der gestattet, dass auf den Stationen gequalmt wird. Außerdem hasse ich überquellende Aschenbecher.

Zum Tabak kann man Nein sagen. Dann wäre das ganze Problem gelöst.

Ich rieche jedoch gern die erste Zigarette mit, die jemand
nach dem Frühstück raucht, und wenn mich Freunde be-
suchen, die Kettenraucher sind, so leide ich halt ein bisschen.
Wer weiß, worunter sie meinetwegen leiden müssen – vielleicht unter den Folgen dieser Zeilen. Ich habe es in diesem
Fall wesentlich leichter. Ich kann das Fenster öffnen und für
frische Luft sorgen.

ÜBER DEN UMGANG
MIT DEM VATERTAG

Diesen Tag gibt es eigentlich gar nicht, und deshalb ist es so schwierig, mit ihm umzugehen.

Kein emanzipierter Mann, kein Männerfreund, kein Promi hat den Tag für unterdrückte Mitmänner geschaffen. Unbekannte Männer haben sich irgendwann die billige Kreissäge auf den Kopf gedrückt, kistenweise Bier gekauft und nachgeschaut, wann ihnen der Kalender einen passenden Tag für etwas bietet, das in den fünfziger Jahren wie ein Schulausflug älterer Herren ins Grüne wirkte – ohne Lehrerin. Oder wie ein Picknick ohne Mami. Auf jeden Fall: von Frauen befreite Männer, manchmal noch mit von Frauen bereitetem Kartoffelsalat, und dann ab in die Landschaft, in Ruderbooten oder auf dem Leiterwagen, zu Fuß oder im Bus. Nie im eigenen Wagen. Weniger der Lebensgefahr für andere Verkehrsteilnehmer wegen als ob des möglichen Verlustes des Führerscheins – und ob des Gestankes von Erbrochenem, der sich im Auto lange hält.

Der Sinn des Vatertages also: Weg von Muttern! Und: Hoch die Tassen! Heutzutage sind es längst nicht nur Väter, die sich einen Tag frei von Windeln und Wiegenliedern nehmen. Sympathisanten jeglichen Familienstandes haben sich ihnen angeschlossen, und so kann man ihre Freiheitsfreude überall hören und sehen, falls es am Himmelfahrtstag schönes Wetter gibt.

Wie gehen nun Nichtväter mit echten Vätern und Scheinvätern am besten um? Vielleicht eher aus dem Weg als um, denn schließlich hat jeder das Recht, auf seine Weise zu feiern. Und wenn ein ganzes Geschlecht beschließt, lautstark zu feiern, sogar diejenigen, die an allen anderen Tagen bereits einen bellenden Hund als öffentliche Ruhestörung bezeichnen, so kann das andere Geschlecht das Grölen und das, was den Vätern als Gesang vorkommt, weder verbieten noch bemäkeln.

Den Vatertag haben die Bierbrauer erfunden, und die Apotheker sind die Nutznießer.

Weghören also, die Fenster verrammeln oder zur Vorsicht Aspirin und Tücher bereitlegen, die dann, in eiskaltes Wasser getaucht, dem tobenden Schädel Linderung verheißen. Meckern und keifen nützt mit Sicherheit gar nichts. Und nicht vergessen, einen großen Plastiksack griffbereit zu halten – für die Reinigung, oder soll die vollgespiene Kluft in die Waschmaschine?

Das alte Kalenderjahr zählte eine Reihe von Tagen, an denen bestimmte Gruppen des sozialen Ganzen ihre Freiheit genießen konnten. Mägde wurden dann von der Bauersfrau bedient. Kinder konnten den Eltern vorschreiben, was diese tun sollten. Schnitterinnen dichteten Spottverse auf Schnitter und Herrschaft. Männer konnten in der Maske der Perchten ihre Mitmenschen in Schrecken versetzen und ihren Schabernack mit ihnen treiben.

Ein Tag als Ventil, ein Tag in Freiheit wie im Wahnsinn. Schlag Mitternacht war der Spuk vorbei, und selbst wenn die Freien ohne Maske den anderen kundgetan hatten, was ihnen ein Jahr lang auf der Seele lag – es durfte keine Vergeltung geben! Der Verspottete musste den Mund und die Haltung bewahren. Die Absicherung dessen, der sich verbal erleichtert hatte: Das ganze Dorf, die ganze Gemeinde war Zeuge und dadurch das Regulativ für den Verspotteten. Das waren gesunde Übungen in Selbsterkenntnis und Gemeinschaftskunde, auch in Selbstbeherrschung. Da jeder einmal mit seiner Freiheit an die Reihe kam, bekam jeder irgendwann sein Fett ab und den Spiegel vors Gesicht gehalten.

Wörtlich bekam jemand sein Fett ab, wenn er aus Tollpatschigkeit in die längliche Wanne getreten war, die im Küchenkamin unter dem Braten auf dem Rost stand, um das herabtropfende Fett aufzufangen. Wer also in dieses Fettnäpfchen trat, dem spritzte das heiße Fett auf Wams oder Wange. Der Spiegel hing damals in der Zeit, in der unsere Sprichwörter und Redensarten entstanden, noch nicht an der Wand. Man nahm den Handspiegel auf und hielt ihn sich vors Gesicht – und sah sich, wie man wirklich war. Wurde das in einem frechen Spottvers festgehalten, so mochte das manchen vom hohen Ross herabholen, mochte mahnen, mochte aber auch anspornen, jemand anfeuern, das zu tun, was er sich möglicherweise noch nicht traute.

Das alles geschah in der Zeit, in der man zu Fuß ging oder auf dem Pferd saß. In der ein Ausrufer die Nachrichten verkündete, die umso älter waren, je weiter entfernt ihr Schauplatz lag. Und: in der die Gemeinden so klein waren, dass jeder jeden kannte. Da hatten die Regeln ihren Sinn, da hatte selbst die Zügellosigkeit ihre Ordnung.

In unserer Zeit spricht man vom Massenzeitalter. In einem Mietshaus kennt kaum ein Bewohner seine Nachbarn, hat keinen Umgang mit ihnen. Stellt sich in einer Straße ein Zugezogener bei den Einheimischen vor, dann wird er so misstrauisch gemustert, als wolle er die fremde Wohnung für einen Einbruch ausspionieren, statt freundlich begrüßt und hereingebeten.

Eine in sich feindselige Gesellschaft. Vielleicht feindselig und misstrauisch aus Angst, gefangen in der freiwilligen Isolierhaft ihres Wohlstandes, wer weiß. Ungesellig auf jeden Fall, immer auf dem Quivive, ob einem jemand zu nahe kommt, ob man übersehen, nicht angemessen gewürdigt wird, immer schnell beleidigt, immer gierig auf Bewunderung. »Ich bin ja so verwöhnt worden« als sehnsüchtiger Schrei für den wahren Zustand: »Ach, was wäre ich gern verwöhnt!«

Einsamkeit im Überfluss. Kein Wunder, dass einmal im Jahr die Papis samt ihrem ganzen Geschlecht wie im Mittelalter die Perchten durch Feld und Wiesen, Straßen und Plätze toben, ihren Frust rausgrölen und ihr Bier oben reinkippen und unten wieder abschlagen, an jeder Ecke. Der Unterschied: Den Vätern hört keiner zu. Ihr Lärm hallt nur um sie herum. »Was gibt's denn da zu hören?«, fragt vielleicht eine Lebenspartnerin oder eine Ehefrau, »da könnte ich doch auswendig mitsprechen!« Geht man so mit seinem Partner um, sei er Vater oder sei er nur Mann?

Geht man so mit dem Himmelfahrtstag um, dem Tag, den sich die Väter einst als ihren Sauftag aussuchten? Im Evangelium des Tages – nach Markus – heißt es: »In jener Zeit, als die elf Jünger zu Tische saßen, erschien ihnen Jesus. Er rügte ihren Unglauben und ihre Herzenshärte, da sie denen nicht geglaubt, die Ihn nach Seiner Auferstehung gesehen hatten. Dann sprach Er zu ihnen: ›Gehet hin in alle Welt und predigt das Evangelium

Einst war der Himmelfahrtstag der Tag der Bergwanderungen und Flur-Umritte.

allen Geschöpfen. Wer glaubt und sich taufen lässt, wird selig werden; wer nicht glaubt, der wird verdammt werden. Denen aber, die glauben, werden diese Wunderzeichen folgen: in Meinem Namen werden sie Teufel austreiben ... und wenn sie etwas Tödliches trinken, wird es ihnen nicht schaden; Kranken werden sie die Hände auflegen, und sie werden gesund werden.‹«

Ob jemand im Messbuch nachgelesen hat, ehe er am Himmelfahrtstag mit stolzgeschwellter Brust ausrief: »Dies ist unser Tag!«?

ÜBER DEN UMGANG
MIT DEM MUTTERTAG

Glaubt man den Leuten, dann ist der Muttertag fast so schlimm geworden wie Weihnachten.

»Grässlich«, sagen sie,»dieses Theater, das man um diesen Tag macht! Was ist der Muttertag denn schon? Nichts als ein Geschäft für die Blumenhändler!« (Oder: für die Pralinenhersteller, je nach Sprecher.)

Tja, was ist der Muttertag? Wollen wir gar nicht von der amerikanischen Dame reden, von Miss Anne Jarvis aus Philadelphia, die ihn 1907 erfunden hat. Als Fest zum Ausspannen für Frauen, vor allem Fabrikarbeiterinnen, denen die Gesellschaft zwar die Doppelbelastung verpasste, aber die Erholung der Frauentage des alten ländlichen Jahres nahm. Wollen wir jetzt gar nicht vertiefen, wie das vor dieser Zeit gewesen war. Dass es zum Beispiel in England seit dem Mittelalter den Mothering sunday gegeben hat, einen Tag, an dem die Kinder, die auswärts in Dienst standen, heim auf den Hof wanderten, damit ihn die ganze Familie gemeinsam festlich begehen konnte – übrigens mit einem besonders köstlichen Kuchen mit reichlich Rosinen und Mandeln.

Wollen wir auch gar nicht von den Müttern sprechen. Das haben die Nationalsozialisten mit einem solchen Pathos getan, welches die Verachtung, die sie in Wirklichkeit für die Frauen als menschliche Zuchttiere empfanden, kaum kaschieren konnte. Verständlicherweise musste man nach 1945 ein paar Mai-Monate lang mit dem Jubeltag der Mütter pausieren, bis man das Bild von der »Frau und Mutter« mit

ihrem dicken blonden Zopf um den Kopf und dem erbgesun-
den Jungvolk um sie herum nicht mehr ganz so penetrant vor
Augen hatte.

Inzwischen wird wieder gern gestillt, auch viel selber
gestrickt und gewebt, und manche Frauen machen in Mütter-
lichkeit, als hätten sie diese erfunden. Der Umgang mit den
Müttern ist ein Thema für sich – jedoch ein privates. Deshalb
möchte ich nur von den Kindern sprechen. Von Kindern,
die heute mit allerlei Bezugspersonen aufwachsen, unter
denen sich trotz der Scheidungsverschiebungen und Lebensabschnittspartner gewiss auch Mütter befinden.

Mutter und Kind: ein Paar, ohne das es uns nicht gäbe. Die
Mutter: ein Mensch, der den werdenden anderen das Essen
und Trinken, das Sprechen und das Laufen lehrt. Und der im
besten Fall im Kind die erste Liebe weckt. Braucht diese Liebe
nicht ihre ersten Feste? Ach ja – die Psychologie hat uns
gelehrt, was für eine schlimme Falle das sei und wie viele
falsche und verderbliche Arten von Mutterliebe in dieser
Zweisamkeit ausgebrütet werden können. Das stimmt wohl.
Aber ist das ein Grund, von vornherein zu verzweifeln und
die Liebe und die Feste vor lauter Angst, etwas falsch zu
machen, ganz und gar zu streichen?

Ich glaube, genau das wäre der falsche Umgang, genau
das würde ein lebenswichtiges Bedürfnis der Kinder unterdrücken. Muss ich erst das Bild beschwören, wie sie ein
Gänseblümchen für die Mutter pflücken? Von ganz allein,
ohne pädagogische Anregung, einfach aus Liebe? Und wie sie
später etwas völlig Unbrauchbares basteln, das sofort auseinander fällt, wenn man es nicht spornstreichs in die Vitrine

stellt, auf den Ehrenplatz, zu Großvaters Bierseidel. Es steht jedermann frei, dies als kitschig und sentimental zu bezeichnen. Nur ändert das nichts daran, dass ein Kind meistens seine Mutter liebt und es auch zeigen und beweisen will. Soll man diesen menschlichsten aller Wünsche, Gefühle in Gesten und Taten zum Ausdruck zu bringen, tatsächlich ersticken? Nicht beachten? Lächerlich machen? Weil man selber nicht mit seinen Gefühlen zurande kommt, seelisch vertrocknet ist, sich in die Schutzbehauptung flüchtet, alles sei inzwischen kommerzialisiert?

Wie ist diese so gern gescholtene Kommerzialisierung denn entstanden, wenn nicht durch Tausende von Mitläufern, denen bei Dank und Liebe nichts weiter einfällt als Fleurop und die Kreditkarte? Die gar nicht mehr wissen, was eine Mutter und ein Kind sind, was sie brauchen und worüber sie sich freuen würden?

Und außerdem: Niemand auf der ganzen weiten Welt wird gezwungen, mit dem Muttertag oder mit anderen Tagen so umzugehen, wie es die Geschenkhersteller vorschlagen. Wer sich also fremd bestimmen und den zweiten Sonntag im Mai durch alberne Klischees verderben lässt, ist selbst daran schuld. Wer allerdings an die Kinder denkt, der müsste sich eigentlich eine ganze Kette von Kinder- und von Muttertagen ausdenken, vom einzigen üblichen Muttertag im Frühjahr durch das ganze Jahr hindurch: Lehrstunden für die Sprache der Liebe. Das, scheint mir, kann man sogar heute noch gratis haben. Und so sollte man nicht nur mit dem Muttertag umgehen.

Der Muttertag muss neu erfunden werden, damit ihn Mütter wieder mögen können.

ÜBER DEN UMGANG
MIT GASTGEBERN

Man ist eingeladen. Zu einem Abendessen beim Gastgeber oder zum Dinner ins Restaurant, in dem ein toller neuer Koch aus Madagaskar den Löffel schwingt.

Man sagt: »Danke, gern!« Oder: »Passt mir gut am Mittwoch!« Oder so etwas Ähnliches. Das bedeutet, der Gast bedankt sich für die Einladung. Doch das ist nicht alles. Der Gast hat mit seiner Zusage eine Art Vertrag geschlossen, und zwar darüber, dass er seine Rolle, nämlich die des Gastes, akzeptiert. Tut er das nicht, benimmt er sich schlecht und zeigt sich undankbar, so wird er, wenn er Pech hat, nie wieder eingeladen. So gerecht ist manchmal das Leben.

Wie sieht nun diese Rolle des Gastes aus? Sie ist uralt und ergibt sich aus der Leistung des Gastgebers. Dieser kocht entweder selbst oder bezahlt für das Kochen, er stellt sich auf seine Gäste ein, bemüht sich, dass sie es so angenehm wie möglich haben.

Also erscheint der Gast erstens pünktlich, zweitens dem Anlass angemessen gekleidet, drittens bringt er nicht noch einen Fremden mit. »Er war gerade bei mir im Büro, und weil ich eh zu dir zum Essen wollte ...« Nee, mein Lieber! Schon das Spiel verloren! Ein Gastgeber hat keine Kneipe und keine Kantine und auch keinen Kindergarten, wo es auf ein Kind mehr oder weniger nicht ankommt. Allerdings kann der bereits eingeladene Gast fragen: »Ich habe gerade einen Vetter aus Dresden zu Besuch. Darf ich ihn mitbringen?«

Egal, ob der Gastgeber in sein Haus oder ins Restaurant einlädt: Er allein besitzt das Recht der Entscheidung. Er weiß, ob er einen weiteren Stuhl an den Esstisch schieben kann und ob sich das vielleicht genau ausklamüserte Menü in seinen ebenso ausklamüserten Bestandteilen strecken lässt. Ob er – bei einem Restaurantessen – für einen Unbekannten die nicht ganz unbeträchtliche Summe pro Kopf ausgeben will. Oder ob er seine Gästeliste so ausgewogen zusammengestellt hat, dass ein Unbekannter stören würde.

»Ach«, lautet der Einwand, »soll er sich nicht so anstellen! Ich kann ja meine Zeche selber zahlen!« Davon ist der Gastgeber gewiss überzeugt. Dieser Einwand zeigt jedoch, dass der Gast die Grundregel nicht begriffen hat: Ein Gastgeber öffnet sein Haus, und auch ein gemieteter Restauranttisch spielt im Augenblick der Einladung »das Haus«, ist also Sinnbild, Symbol. Und Gastgeber sind Herren in diesem Haus.

Es gibt andere, lockere Formen der Gastlichkeit: »Aufgefordert und nicht eingeladen« zum Beispiel, was besagt: Alle sind »aufgefordert«, sich am Tisch zu treffen, aber sie zahlen, weil »nicht eingeladen«, für sich selbst – was natürlich nicht ausschließt, dass in diesem Kreis der Selbstzahler jemand einen anderen einlädt.

So haben wir also wieder Gastgeber und Gast. Bringt dieser Gast nun Blumen mit? Nimmt er die Blumen ins Restaurant mit? Ich, gern und oft Gastgeberin, kann die altmodische Sitte nur preisen: Ja, der Gast kann Blumen schenken, wenn er

Lust dazu hat. Es ist aber keine Pflicht, und Blumen spielen nicht die Rolle des Eintrittsgeldes. Falls sich der Gast für Blumen entscheidet, so möge er sie bitte am Vormittag des Gastgelages ins Haus schicken lassen oder am Tag danach. Am Vormittag kann ich sie in aller Ruhe in Empfang nehmen, in Vasen versorgen und Wohnung und Esstisch damit schmücken. Am Tag darauf gilt das Gleiche, und in beiden Fällen entfällt das Papiergeraschel und die verlegene Frage: »Wohin darf ich…?« Und die Rennerei mit Blumen und Vasen, während schon der nächste Gast an der Tür klingelt oder meine Suppe überkocht.

Kein Blumenfreund lässt sich die Blumen ausreden. Gut. Nur: welche schenkt man wem und wann?

Blumen sind nicht nur keine Eintrittskarte, sie stellen auch einen Prüfstein für den Gast dar. Er sollte sie also nicht bei seinem Erscheinen mitbringen, um mit der Größe des Straußes, mit der Seltenheit der Gewächse anzugeben und die anderen Gäste sichtbar zu übertrumpfen. Blumen sind als Dankgeste für den Gastgeber gedacht, und deshalb ist es so elegant wie korrekt, sie am Tag danach mit einer Begleitkarte und ein paar Worten des Dankes schicken zu lassen. Auch wenn dann keiner außer dem Gastgeber sieht, wie viel man für die Blumen hat springen lassen.

Und Blumen im Restaurant? Lieber nicht. Weiß der Gast, wie der Gastgeber heimkommt? Vielleicht zu Fuß. Vielleicht per Rad. Selbst wenn er ein Auto besitzt – wohin mit den Blumen während des Essens? Also gilt hier wiederum: siehe oben.

Nun sind die Blumen erledigt. Der Gast wird in den Raum geführt, in dem sich alle versammeln. Kennt der Gast alle anderen Gäste? Wenn nein, wird ihn der Gastgeber bekannt machen, meist der Reihe nach oder wie es sich ergibt. Wobei es logisch ist, dass der Unbekannte zuerst den Älteren oder dem Ehrengast – falls es einen gibt – vorgestellt wird. Ist die Runde zu groß, so stellt sich der Neue selbst vor und sagt, wer er ist und wie er zum Gastgeber steht, damit die anderen wissen, ob sie gleich nach Tante Veronika oder nach der Fusion zwischen Alpha und Omega fragen können.

Sind die Gäste so zahlreich, dass sie an verschiedenen kleineren Tischen untergebracht sind, so stellen sich die Tischgenossen gegenseitig vor, damit sich das Gespräch nicht erst ewig ums Wetter drehen muss, ehe man entdeckt hat, wer der Nachbar wirklich ist. Dieser Fall setzt eine Tischordnung mit Tischkarten voraus. Da braucht man nur lesen zu können, und schon hat man seinen Platz gefunden. Falls es sehr viele Tische gibt, hängt gewöhnlich ein so genanntes Placement an der Tür zum Speisesaal, ein Plan der einzelnen Tische und eine Namensliste der Personen, die an den verschiedenen Tischen sitzen werden.

Steht ein einziger Tisch zur Verfügung, so stürzt sich der Gast nicht auf den besten Platz, nach dem Motto: Hauptsache, ich sitze gut! Er wartet seiner Rolle gemäß auf den Hinweis des Gastgebers, der gewiss eine Tischordnung im Kopf hat und sagt: »Bitte hier Platz nehmen.«

Endlich sitzen alle. In der Privatwohnung läuft es ab jetzt nach dem Plan des Gastgebers, im Restaurant bekommt der Kellner mit der Speise- oder Weinkarte seinen Auftritt. Vielleicht hat der Gastgeber aber auch hier alles arrangiert, dann bleibt lediglich die Frage nach dem Getränk. Wer daran denkt, dass er eingeladen ist, wird sich automatisch nicht an

den Ober oder Kellner, sondern an den Gastgeber wenden:
»Wenn Sie nichts anderes vorgesehen haben, hätte ich gern
zum Fisch einen Schluck Weißwein und danach Rotwein.«
Wer ein zweites Glas Wein oder nach dem Essen einen Port-
wein oder ein Bier trinken möchte, ruft ebenfalls nicht nach
dem Ober, sondern fragt den Gastgeber um die Erlaubnis zur
Bestellung oder bittet ihn, das Gewünschte bringen zu lassen.

Das gilt für alles. Der Gast befindet sich auf keiner Werbeveranstaltung oder Industrieeinladung, wo
er sich, wie man regelmäßig beobachten kann, auf
Kosten des anonymen Gastgebers die Hucke voll
schlagen und noch beim letzten Wodka selig seufzen
kann: »Die Firma zahlt's ja!« So ein Umgang mit un-
echten Gastgebern hat manche Sitte verdorben und

> Ein Fest gestaltet
> sich nicht so gut,
> wie der Gastgeber
> ist, sondern wie die
> Gäste sind.

manche Kränkung verursacht. Dabei ist die Sache einfach:
Der Gast ist König, und die erste Tugend eines Königs lautet
Höflichkeit. Dazu gehören Rücksicht und Hintanstellung des
eigenen Ichs, mag es noch so angesehen und hoch gestellt
sein.

Der Gast wartet also, bis ihm etwas angeboten wird. Der
Gast langt nicht stumm und entschlossen quer über einen
gedeckten Tisch, sondern bittet um Salz und Pfeffer oder was
sonst benötigt wird. Der Gast häuft sich nicht den Teller voll
wie beim Büfett auf Butterschiffen. Der Gast sitzt hübsch
gerade auf seinem Stuhl, lümmelt sich nicht über den Teller,
stemmt nicht den oder die Ellbogen auf, fuchtelt beim Reden
nicht mit Messer und Gabel in der Luft herum und schaufelt
sich das Essen nicht wie ein Bagger ein, indem er den linken
Unterarm quer vor den Teller und den rechten Ellbogen fest
auf den Tisch legt.

Der Gast benutzt seine Serviette und wischt sich den
Mund ab, ehe er zum Glas greift. Er packt ein Wein- oder
Sektglas nicht an der Kuppa, dem Kelch, auch wenn er das

tausendmal im Fernsehen und in schlechten Filmen sieht, sondern am deshalb extra langen Stiel. Der Gast schüttet den Wein nicht in den vollen Mund, sondern schluckt zuerst. Der Gast redet nicht mit vollem Mund, sondern schluckt zuerst. Der Gast redet und schwadroniert nicht, er hört den Tischnachbarn zu und fällt ihnen nicht in die Rede. Spielt nicht den Besserwisser, selbst wenn er es besser weiß. Und falls er rülpsen muss: bitte leise, mit geschlossenem Mund und hinter der Serviette. Der Gast denkt auch an die anderen Gäste und verhilft denen zu dem, was sie haben möchten, hilft Älteren beim Hinsetzen und Aufstehen, hebt runtergefallene Servietten auf und so weiter. Kurz: Er ist eine Zierde der Tafel und eine Freude für den Gastgeber.

Über den Umgang
mit Müll und Puderdosen

Ein Mensch reißt die Bierdose auf, nimmt einen Schluck und schmeißt den Zugring auf den Boden. Ein Mensch putzt sich die Nase und lässt das Papiertaschentuch fallen. Ein Mensch gibt dem Drang nach einem Bonbon nach, wickelt ihn aus und wirft das zusammengeknüllte Papier neben den öffentlichen Papierkorb.

Eine meiner Großtanten pflegte, wenn so etwas unter ihren Augen geschah, mit dieser gewissen schneidenden Stimme zu sagen:»Sie haben etwas verloren!«»Ich?«, fragte der Wegwerfer dann verblüfft und schaute sich unwillkürlich um.»Dort«, sagte meine Großtante, wich und wankte nicht, sondern blickte starr auf den betreffenden Gegenstand. Und damals, in den dreißiger Jahren des vorigen Jahrhunderts, wurde ein Mensch in einem solchen Fall verlegen, bückte sich und warf seinen Müll gehorsam in den eigens dafür aufgestellten Behälter.

Heute wäre das eine Lachnummer, und die alte Frau bekäme höchstens zu hören, dass sie dieser Dreck einen Scheißdreck anginge. Das stimmt eben nicht, denn Müllmänner wollen für die Drecksarbeit, die sie für uns leisten, ganz ordentlich bezahlt werden, und dieses Geld muss nicht erst gewaschen werden. Es ist saubere, brav versteuerte gültige Währung. Also auch das Geld der Großtante.

Stadtverwaltungen beklagen sich, dass sich die Müllmenge in den vergangenen Jahren verdoppelt und verdreifacht habe. Und dass immer mehr Bürger dazu übergehen, ihren Müll – Küchenmüll in Plastiktüten, Sperrmüll so wie er ist – einfach an den nächstbesten Straßenrand zu stellen, vor den nächstbesten Container oder in die freie Natur.

Der Umgang der Stadtreinigung mit diesem wilden Müll befindet sich noch im Experimentierstadium. Manchmal lässt sie ihn liegen. Dann merkt sie, dass die Nachbarn auf ihr gutes und verantwortungsvolles Bürgerbenehmen pfeifen und munter daneben und ringsherum ebenfalls wild müllen. Räumt die Stadtreinigung den alten Kinderwagen oder die verrostete Leiter oder den verschimmelten Tapeziertisch aber weg, weil sich die Anwohner nach einer gewissen Zeit beschweren, dann sinkt die Hemmschwelle der Natur gegenüber, und die überflüssig gewordenen Gerätschaften werden einfach in den nächsten Bach gekippt.

In einer Großstadtzeitung stand zu lesen: »Langfristig gilt es, Müll und Moral in ein neues Verhältnis« zu bringen, »Bequemlichkeit hat als Kriterium bei der Entsorgung ausgedient.« Müll und Moral. Ein Thema für die Grünen. Kann sein, dass uns dieses Thema schon längst durch die Müllbeseitigungsindustrie aus der Hand genommen ist, die wir durch unsere allgemeine Bequemlichkeit zu einem der bestverdienenden neuen Unternehmen gemacht haben.

Unser Umgang wäre einfach: Müll vermeiden, der Umwelt und unserer Geldbörse zuliebe. Wie schwer das einem Großstädter fällt – mag er noch so oft für Umweltpolitik auf die Straße gehen (und diese dabei gedankenlos so einmüllen, dass nach jeder grünen Parade die Straßenreinigung Extratouren fahren muss) –, das zeigt ein Experiment in New York: Studenten eines amerikanischen Architekturinstitutes stellten

ein altes Auto auf einen Parkplatz unter einer Brücke und
kamen alle paar Wochen vorbei, um zu fotografieren, was
sich verändert hatte. Nach dem ersten Monat war das Auto
so dreckig geworden, dass es sich von den anderen geparkten
Wagen abhob und als Freiwild betrachtet wurde. Irgendwer
griff zu, montierte erst die Reifen ab, dann die Brems-
leuchten. Ein Sprayer kam vorbei, besprühte die
Karosserie und auch gleich den benachbarten Brü-
ckenpfeiler. Als Nächstes wurde die Heckscheibe
eingeschlagen, die Nachbarautos wurden zerkratzt,
und weil der Winkel unter der Brücke ohnehin einem
Müllplatz zu gleichen begann, warfen die Leute ihren
Müll dazu. Sie hatten auch keine Hemmungen mehr, leere
Dosen und Flaschen daneben auf die Straße zu schmeißen.
Die Müllabfuhr begann, einen großen Bogen um diesen Winkel zu machen. Die Menschen ebenso, und alles verwahrloste,
so dass die Nachbarn Angst bekamen und nach ein paar
Monaten auf die Fragen der Studenten antworteten, sie fühl-
ten sich in ihrer alten Gegend nicht mehr sicher.

> Unser Umgang mit
> Müll wäre einfach:
> Müll vermeiden – der
> Umwelt und der
> Geldbörse zuliebe.

Nun ist ein Auto wesentlich größer als ein zusammen-
geknülltes Bonbonpapier, das Prinzip ist jedoch das Gleiche.
Wenn sich der Mensch anonym und nicht verantwortlich
vorkommt, lässt er jede Hemmung fallen.

Das ist zum einen ein ganz persönliches Problem, denn
dieser Umgang mit Müll zeigt, wozu jeder, also auch ich, fähig
ist. Es stellt außerdem ein gesellschaftliches Problem dar.
Denn unsere Demokratie beruht auf der Vernunft aller und
auf der Einsicht ins Notwendige. Wenn ich diese Vernunft
verrate, lande ich wirklich im Müll. Schließlich ist es ein
politisches Problem: In den achtziger Jahren haben sich
die Politiker kaufen lassen und auf die Müllverwertung und
-verbrennung gesetzt. Haben uns also gezwungen, für die
Beseitigung des Mülls zu zahlen, den wir vielleicht gar nicht

haben wollen, statt die Industrie zu zwingen, weniger Müll zu produzieren.

Kann nun ein Einzelner durch seinen vernünftigen Umgang mit dem Müll die Welt retten? Oder soll er wie die meisten anderen sagen: Was heißt Verzicht? Vernunft? Auf mein kleines Bonbonpapier kommt es nun wirklich nicht an! Es kommt an – siehe oben. Also lohnt sich disziplinierter Umgang mit dem Müll.

In Japan, wo sogar der Fudschijama aus einem Kranz von Touristenmüll emporragt, im Himalaja, wo die Berge – die Götter sind – nur über Müllhalden hemmungsloser Bergsteiger aller Nationen erklommen werden können, wird über den rechten Umgang mit Müll noch nicht diskutiert. In Peking dagegen hat man diktatorische Maßnahmen ergriffen. In einer Fußgängerzone flimmern folgende Befehle auf einer Videowand: »No spitting! No joy walking! No littering! No dirty words! No smoking in public! No treading on grass! Not destroy public property!«

Das muss man sich sagen lassen. Das müssen sich Menschen in der Anonymität der Konsumentenmasse sagen lassen. Das muss man sagen, wenn es sich der Einzelne nicht mehr sagt. So lernt man im Umgang mit dem Müll den Umgang mit Hemmschranken, öffentlichen Aufgaben und der eigenen feigen Bequemlichkeit. »Stell dich doch nicht so an! Hat ja alles keinen Sinn!« Wir sollten uns anstellen, bis zum kleinsten Krümelchen Müll.

Deshalb ist die Sache mit der Puderdose die Moral von der Geschicht. Ich besitze nämlich eine Puderdose, die mir gut gefällt. Sie wohnt sicher schon seit fünf oder zehn Jahren in meinen diversen Taschen, sie ist solide, und von Zeit zu Zeit kaufte ich eine Nachfüllpackung Puder, polkte das leere Puderblech raus und drückte das neue rein. Fertig. Vor geraumer Zeit meinte das Mädchen in der Drogerie, in der ich seit Ewigkeiten diese Nachfüllpackung kaufte:»So was haben wir noch nie gehabt...« Diese Bemerkung kennt man ja, und deshalb kümmerte ich mich nicht weiter darum, sondern ging in das nächste Geschäft. In der Tat, die Größe dieser Nachfülldinger hatte sich geändert. Es gab aber einen anderen Hersteller, der das für meine Puderdose passende Format lieferte, und ich dachte: Fall erledigt, dann nehme ich eben in Zukunft den Puder. Ach, hätte ich doch damals nur eine

Wir werden gezwungen, Müll mit Nicht-Müll zu erwerben – schlechtes Benehmen der Industrie!

ganze Ladung Puderersatz gekauft! Denn beim nächsten Mal ging's erst richtig los. Das Drogeriemädchen warf einen verächtlichen Blick auf meine Puderdose (Gold immerhin! Na – jedenfalls vergoldet, aber kaum Kratzer!) und schob mir eine Plastikdose hin. Modernes Design und in einem Grün, wie es Frösche vielleicht für Fliegenkonserven mögen. Kostete zwischen zwanzig und dreißig Euro. Na und? Was sollte ich damit? Kaufen natürlich. Meine alte Goldene ex und hopp ab in den Müll und in Zukunft brav das Doppelte für einen Inhalt zahlen, der lediglich die Hälfte wert ist und dessen Hülle ich erstens überhaupt nicht brauche und zweitens absolut scheußlich finde.

Also: wieder ein neuer Laden. Genau das Gleiche. Danach: ein Kaufhaus.»'ne Puderdose? Raffaela, komm mal, guck mal, die hat noch 'ne Puderdose!« Da ich nun plötzlich dickköpfig wurde und mich von dem alten Ding (ehrlich gesagt: schon ziemlich verschrammt, aber sie hat mir treu gedient!) erst recht nicht trennen wollte, kostete die Eroberung eines neuen Stücks Puder so viel Zeit und Lauferei und Planungsenergie, wie ich für diese Nebensache gerade nicht

aufwenden wollte. Die Geschichte fand dennoch ein gutes Ende. Ich entdeckte eine Drogerie mit einer verständnisvollen
Verkäuferin und mit einem angemessenen Vorrat an Ersatz-
puder zum normalen Preis, so dass ich hoffen kann…

Allerdings – vielleicht decke ich mich besser gleich mit einem
halben Dutzend ein. Denn kürzlich wollte ich in der Apotheke
ein zugegeben besonderes Pflaster kaufen. Der Apotheker
bestellte es, und ich erhielt die Rolle Pflaster in einem Plastik-
halter, der Sägezähnchen besitzt, so wie ein Halter für den
Tesafilm. Nur: Dieses angebliche Hilfsmittel stört, weil man
das Pflaster nämlich viel bequemer und leichter einfach so
abreißen kann. Meine nächste Bestellung lautete also: Pflaster ohne Halter. Reine Ersatzrolle. Der Leser weiß

Muss ich etwa Müll produzieren, damit die Müllbeseitigungsindustrie blüht? gewiss aus leidvoller Erfahrung: Das gibt es nicht.
Keine Rolle ohne Halter. Punktum. Es wird also etwas
hergestellt, das ich weder will noch brauche und das
eine Fehlkonstruktion ist, aber ich muss es nehmen.
»Schmeißen Sie den Halter doch einfach weg!«, sagt
der Apotheker. So kommt ein Müll zum anderen, und jeder
Gegenstand hat Rohstoffe und Wasser gekostet – und damit
auch mein Geld – und belastet als Müll die Welt. Und das
Ganze für nichts und wieder nichts.

Aber das Schlimmste daran ist: Jeder gibt mir Recht. Alle
sind sich einig. »Ja«, sagen sie mit ebenso ernstem wie er-
gebenem Blick, »wir richten uns zugrunde! Es ist entsetzlich!
Und wenn erst die Dritte Welt dazukommt!« Und zünden sich
ihre Zigarette am Einwegfeuerzeug an und schrauben die
Wegwerfflasche Mineralwasser auf, und schon sind sie beim
Atomtransport oder bei Tschernobyl und beklagen den Zu-

stand von Mutter Erde. Wenn sie ungeheuer verantwortungs-
bewusst sind, stecken sie sich eine grüne Plakette an und
kaufen ihrem Kind ein Bilderbuch über den Kreislauf von
Müll und Mist und Meereswasser. Das Kind aber schaut sich
viel lieber Mickymaus an oder die Teletubbies, während sich
der Erwachsene einen Krimi reinzieht oder einen Fantasy-
roman, der auf fernen Sternen ohne Umwelt spielt.

So kommt man vom Puder zu Pluto und den Galaxien,
jedoch nicht wieder zurück. Es ist ja auch spießig, mit alten
Puderdosen zu leben und mit dem Netz einkaufen zu gehen
und Krämern zu empfehlen, mal den Großhändlern ent-
gegenzuhalten: »Nein, das nicht!«

Ich sage ausdrücklich: Ich habe genug Geld für eine neue
Puderdose dann und wann. Aber ich will nichts Neues. Vor
allem will ich nicht gezwungen werden, etwas zu kaufen, was
ich nicht brauche. Ich will, dass die Hersteller unserer
Alltagssachen und unseres Alltagsmülls nicht ausschließlich
an sich denken. Ich will die Wahl haben, ich will in bestimmten Situationen vernünftig sein können oder nicht, und ich
denke nicht daran, nach- und aufzugeben. Ich weiß sehr
wohl, dass ich die Welt nicht rette, wenn ich mein armseliges
bisschen Schonung an ihr übe – doch ich tue es trotzdem. Ich
finde, ich bin es ihr schuldig.

Über den Umgang
mit Entschuldigungen

Mir scheint,»betroffen« ist das Wort dieses Jahrzehnts. Alle Welt ist betroffen, vor allem Politiker – und das hätte uns längst misstrauisch machen müssen. Denn Politiker lieben Redensarten, hinter denen sie sozusagen erst einmal Luft schnappen und sich eine passende Antwort ausdenken können, ohne dass der Gesprächspartner sich muckst oder gar blitzschnell wieder zuschlägt.

Sagt allerdings einer:»Ich bin betroffen!«, so ist der andere erst recht betroffen, nämlich verblüfft und ganz ehrfürchtig. Wer hätte so viel Gefühl von jenem erwartet! Und schon liegen sich die beiden in den Armen, man tröstet sich gegenseitig, und alles ist gut.

Das Dumme und der Trick an der Betroffenheit ist nur, dass es der Betroffene dabei bewenden lassen kann. Für ihn ist das natürlich ideal: Er hat Gefühl gezeigt, Verletztheit, hat ungeweinte Tränen ahnen lassen, und schwups ist der andere, der sich vielleicht zu Recht beklagt hat, der Angreifer geworden, der Grobian. Was der Betroffene eigentlich unterlassen oder verbrochen hat, ist dank der Betroffenheit im allgemeinen Gefühlsaufruhr verloren gegangen. Man ehrt den Betroffenen und wirft dem anderen einen scheelen Blick zu.

Das ist ein leichtes und kurzes Spiel, doch es funktioniert garantiert auf Anhieb und es wird uns so häufig vorgespielt, dass wir fast nicht mehr wahrnehmen, um was uns diese Betroffenheit betrügt: Sie schneidet sehr oft eine Gefühlsentwicklung, auch eine Gedankenkette kurzerhand ab, ehe es wirklich interessant wird. Behauptet man nämlich, betroffen zu sein, kann man es sich schenken, sich zu entschuldigen. Und das erspart, was man früher die Gewissenserforschung nannte. Da hat man sich gefragt: »Bin ich schuld an dieser Sache?« Wenn ich mir darauf die Antwort geben muss: »Jawohl, meine Liebe, das bist du – und wie!«, so betrifft mich das wahrhaftig. Es trifft mich mitten in meiner Freiheit, das eine zu tun und das andere zu lassen.

Habe ich das Falsche getan, so muss ich mich entschuldigen, Punktum! Das ist unangenehm und es fällt vielen schwer, aber man muss die Suppe auslöffeln, die man sich eingebrockt hat, wie mein Großvater zu sagen pflegte. Denkt man an die Zeit zurück, in der man ein Kind war und Großväter gleich nach dem lieben Gott kamen, so weiß man, wie schuldbewusste Kinder reagieren. Wenn sie nur ein Fitzelchen Hoffnung erspähen, sich aus der Sache herausmogeln zu können, ohne Federn zu lassen, ohne sich also die persönliche Schuld einzugestehen ...

Wer etwas Falsches getan hat, kommt um eine Entschuldigung nicht herum. Punktum.

Ach, es ist ja gar keine dramatische Schuld! Es sind diese kleinen widerwärtigen Unzulänglichkeiten, die Schwächen, die lästigen Unehrlichkeiten, die Rücksichtslosigkeit, die man sich eingestehen muss. Schuld! Da wäre man ein prachtvoller Bösewicht und könnte sich beknirschen, dass die ganze Familie ins Wanken gerät.

Nein, da benutzt ein Junge bedenkenlos des Bruders Buntstifte. Entschuldigt er sich? Ach wo. Er dreht einfach den Spieß um und gibt – wie alle Erwachsenen um ihn herum –

dem anderen Kind die Schuld: »Pass halt auf, wohin du deine Buntstifte legst! Stell dich nicht so an!«

Da stehen zwei Leute auf dem Gehweg, die Fahrräder quer zueinander. Kein Mensch kommt an ihnen vorbei. Entschuldigen sie sich und rücken die Räder beiseite? Da kannst du lange warten! Sie fragen höchstens: »Is' was, Tante?« Oder: Schlange vor dem Fahrkartenschalter. Jemand geht zielstrebig an den Wartenden vorbei und schiebt sich vorn dazwischen. »Entschuldigen Sie bitte – Sie müssen sich hinten anstellen!« Entschuldigt sich dann derjenige, der es einzig und allein tun müsste, der Vordrängler? Nicht die Spur: »Wie hätte ich das denn riechen sollen?«

Das ist vielleicht des Rätsels Lösung. Wie hätte er denn? Nun, einfach hinschauen, auf die anderen. Von sich absehen. Nicht so hektisch sein. Teilnehmen an der Welt um uns herum. Nicht nur auf Schilder und Piktogramme achten, sondern auch auf die Menschen.

In einem Bilderbuch, das aus den USA stammt, steht folgender Dialog zwischen einer Erwachsenen und einem Kind, das der Frau offenbar einen Papierflieger an die Nase oder die Kaffeetasse hat segeln lassen: »Thomas, ist das dein Flieger?«

Thomas denkt: »Sie hat mich erwischt. Hätte ich's doch nicht getan. Was wird sie jetzt machen? Wird sie's weitersagen?«

»Ich werde dich bestrafen müssen.«

»'tschuldigung. So ein Mist.«

Ja, das ist wirklich Mist, wenn man nun die Einsicht wieder zum Teufel schickt und Kinder mit Strenge und Stra-

fen unterwirft und sich automatisch wie ein Papagei entschuldigen lässt. Da haben wir die alte Zwickmühle zwischen
Liebe und Strafe: Handle ich gut, weil ich das Gute gut
finde? Oder handle ich gut, weil ich die Strafe für das
Böse fürchte?

Erziehung zur Einsicht ist mühsam und dauert das
ganze Leben lang. Erziehung durch Strafandrohung
ist kurz und knapp. So kann man das Problem zwar
praktisch und ohne eigenes Nachdenken erledigen,
aber der rechte Umgang mit Wort und Tat ist das nicht, schon
gar nicht in unserer Zeit. Vielleicht könnte man eine wohl
ausgewogene Kombination beider Methoden empfehlen.

Bei einer Entschuldigung aus Angst vor Strafe bleibt die Einsicht meist auf der Strecke.

ÜBER DEN UMGANG
MIT DER BLOSSEN HAUT

Kaum ist es Sommer, geht es wieder los. Wenn man in ein Auto schaut, glaubt man, der Fahrer sei nackt. Aber nein, er fährt im Unterhemd. Oder in einer dieser Hosen, die so kurz sind, dass sich – wenn er (oder sie) aussteigt – auf den bloßen Unterhälften der Pobacken das Muster des Sitzkissens zeigt. Und was es sonst auf Pobacken und in ihrer Umgebung zu sehen gibt: Pickel, Haare, Falten, blaue Flecken.

Je wärmer es wird, desto mehr ist zu entdecken. So wie die Menschen durch die Stadt gehen und – wenn man sie lässt – Museen und Kirchen besichtigen, könnte man meinen, sie verwechseln die jeweilige Stätte mit ihrem Schlafzimmer. Oder sie leiden unter Gedächtnisschwund und haben nicht gemerkt, dass sie mit dem Anziehen nicht fertig geworden sind.

Jeder kennt die Frauen, deren Busen sich unter dem so genannten Top, einem Oberteil mit Spaghettiträgern, nach eigenen Gesetzen bewegt. Kennt die alten Krampfadernbeine, weiß und kahl von der Sandale bis zur Scham des Mannes oder der Frau. Ferner wabbelige Oberarme und dürre Stöckelbeine, die in verblüffend breite Oberschenkel mit runzeliger Orangenhaut übergehen. Von Jahr zu Jahr werden die Offenheiten zahlreicher und freizügiger, und was glitzerige Boxershorts an Opabäuchen bewirken, kann nur noch von den obligaten grau gemusterten Anzugsocken zu durchlöcherten Freizeit-Halbschuhen übertroffen werden, über denen sich kräftige Knubbelwaden wölben.

Finden sich die Halbnackten tatsächlich schön? Oder schauen sie ganz einfach in keinen Spiegel?

»Volksgenossen im Unterhemd« nennt das eine schwedische Freundin spöttisch. Doch wenn die Horden ihrer Landsleute in Campingbussen Norddeutschland so erobert haben wie Norddeutsche etwa Sizilien, dann lassen sie auch alle zivilisierten Hüllen fallen und stinken manchmal mehr als die Kontinentalen. Denn wer mit braunem Oberkörper durch die Kaufhäuser läuft und in die Kabinen der Aufzüge steigt, hält es offenbar mit seiner Pelle wie wir als Kinder: »Bloß nicht waschen, sonst geht das Braune ab!« Scharfer, frischer oder ranziger, alter Schweiß als einziges Kleid.

Dieser Rückgang – nicht von der Kleidung zur Freizeitkleidung, sondern von der angemessenen Bedeckung des Leibes zum Paradieszustand – scheint alle Adamskinder ergriffen zu haben. Germain Greer schrieb über ihre Landsleute in Australien, die sie nach langen Jahren in England zum ersten Mal wieder erblickte, mit heftigem Ekel: »Als mich Ann an der Haustür empfing, trug sie nichts weiter als ein T-Shirt, das bei ihrem Alter und ihrem Gewicht eher Ähnlichkeit mit einem Kartoffelsack hatte. Ich warf einen Blick auf den Taxifahrer, erwartete irgendeine Macho-Reaktion, besonders als sie sich bückte, um meine Koffer aufzuheben, aber er schien ihren Aufzug genauso alltäglich zu finden, wie die Tatsache, dass er selber halb nackt war.«

Was ist das? Steckt der Verzicht auf den Begriff des Schönen dahinter? Oder pure Gleichgültigkeit den anderen gegenüber? Früher hielt man die Entblößung für sexuell aufreizend und schon deshalb für nicht in der Öffentlichkeit angebracht. Stimmt das etwa gar nicht? Schreckt vielmehr die nackte Wahrheit ab und schützt vor Vergewaltigung? Oder soll gerade gereizt werden? Weil in den Pornofilmen, die uns als Betthupferl via Fernsehen serviert werden, den Hausmüttern ein neues Ideal der lässigen Promiskuität vorgegaukelt werden soll?

Um Selbstüberschätzung kann es sich nicht handeln, denn gerade las ich, dass sogar »die schönsten Frauen der Welt« mit Nase, Po und Busen unzufrieden sind. Dass sich zwei Drittel aller Menschen nicht im Spiegel sehen mögen. Und dass sich Schülerinnen zur Konfirmation das Geld für eine Schönheitsoperation wünschen. Rennt also nur das letzte Drittel der Menschheit halb nackt durch die Gegend? Schaut auch nicht in eine einzige zufällig spiegelnde Schaufensterscheibe? Vielleicht tun sie es sogar und halten sich stets für die Person hinter sich.

Oder es geht wie mit allem: Die Menschen sind es leid, sich zusammennehmen zu müssen. Sie wollen sich gehen lassen. Sie pfeifen auf das Abendland und die Mode und das, worauf die Bildungsbürger so stolz geworden sind: auf die Verfeinerung des Lebensstils. Auf das, was man Zivilisation genannt hat. Auf die Entwicklung der Persönlichkeit durch Selbsterkenntnis. Der Kommunismus, sagen die Leute, ist gescheitert. Das klassenlose Unterhemd hat gesiegt.

Das ist jedoch etwas, worauf ich pfeife – mag es so heiß werden, wie es durch das Ozonloch werden will. Und ich pfiffe gleichfalls darauf, wenn ich keinen Spiegel besäße. Wollen wir denn wirklich Kartoffelsäcke sein?

ÜBER DEN UMGANG
MIT JUGENDLICHEN

Ich war falsch in den Regional-Express alias Bummelzug eingestiegen, ganz am Ende des Zuges. So weit reichte der Bahnsteig am Zielort nicht.

Also schwebte ich beim Aussteigen auf der untersten Stufe des Waggons immer noch so hoch über dem Schotter, dass mir mein linkes angewinkeltes Knie fast bis zur Nase reichte, während der rechte Fuß nach Halt hangelte. Oben, neben meinem Rollenkoffer, stand ein junger Mann und betrachtete meine Verrenkungen mit sachlichem Interesse. Schafft's die Alte? Ja, sie schafft's. Und während mir der Satz »Würden Sie mir bitte meinen Koffer herunterreichen?« noch im Hirn saß, war der Jüngling mit einem eleganten Satz über mein Köfferchen und direkt auf den Schotter gesprungen, lächelte mich freundlich an, und weg war er.

Wie man mit einem Jugendlichen dieser Art umgeht? Wie mit einem jungen Hund, der die Pantoffeln zerbeißt und auf den Teppich pinkelt. Der ist freundlich, neugierig, tollpatschig, vollkommen naturbelassen und ohne Zusatzstoffe.

Ich war für den Jugendlichen nur eine Fremde, die für einen einzigen Augenblick seinen Lebensweg kreuzte. Umgehen müssen mit ihm seine Freunde, Lehrer, Mitschüler, Meister und Kollegen. Umgegangen sind mit ihm seine Eltern, seine Verwandten und die eigens bezahlten samt den unsichtbaren Erziehern. Sie hätten ihn lehren müssen, einfach die Augen offen zu halten, nicht allein an sich zu denken, sondern ganz allgemein an die anderen, ob sie nun Hilfe benötigen oder nicht. Dem jungen Mann hätte man vermutlich nur sagen brauchen, was ihm fehlt. Denn er war freundlich, er wollte nicht unhöflich sein, aber er hatte keine Ahnung, dass er es war.

Vielleicht wäre ihm im Lauf der nächsten Jahre klar geworden, dass eine Gemeinschaft sich erst dann zivilisiert nennen, erst dann ihren einzelnen Mitgliedern einen erträglichen Umgang miteinander garantieren kann, wenn jeder dieser Einzelnen die Geschehnisse in der Gemeinschaft mit Aufmerksamkeit verfolgt. Und eingreift, wenn es nötig ist. Vielleicht hätte er am eigenen Leib gemerkt, wie sehr man diese Zuwendung braucht, wenn man nicht mehr imstande ist, einen Koffer und drei Stufen in einem Satz zu nehmen. Das wäre natürlich etwas spät gewesen, für ihn und für seine Umgebung. Mit ihm hätte sich jedenfalls der Umgang, das Gespräch gelohnt. Er war, wie ich glaube, dem Neuen und dem Besseren aufgeschlossen.

Einmal wurden mir die Provinzbahnhöfe dann doch zum Verhängnis. Ein Bahnsteig wie nach einer Bombennacht, ein verspäteter IC, mein Anschluss, der Bummelzug, fuhr fast schon ab. Sturz, kaputtes Knie – Krücke. Ich nun also ein paar Tage später und wieder zu Hause mit derselben im Regen auf dem Gehweg. Links dicht an dicht parkende Autos, rechts in Reih und Glied die kniehohen Blumenkübel eines Vorgartens. Mir entgegen die Schüler einer ehrwürdig alten Gelehrtenschule, auf Rädern mit Profilreifen, schnell wie immer, wenn sie nach Schulschluss in Rudeln und gern zu zweit nebeneinander vorbeiflitzen. Ich also mit Krücke und Schirm mitten auf der engen Rennstrecke.

Zwei Jungen, vierzehn oder fünfzehn Jahre alt, bremsen und einer schreit: »Wenn Sie nicht sofort aus dem Weg gehen, dann ...« Sein Begleiter und meine Begleiterin erstarrten. Ich musste lachen und fragte: »Na? Dann was?« Der Junge schwieg verblüfft. Das hatte ihn aus dem Text gebracht. Der andere rief: »Hauen Sie ab! Hauen Sie einfach ab!« »Ihr könntet wenigstens bitte sagen!«, warf meine Begleiterin ein. »Wieso? Wir haben ja geklingelt!« Meine Begleiterin schnappte nach Luft und klagte: »So eine Unverschämtheit habe ich lange nicht erlebt!«

Als ich wieder zu Hause war, rief ich in der betreffenden Schule an. Der Lehrer entschuldigte sich für den Zögling, meinte freilich, es sei an und für sich Sache der Eltern, einem Kind Höflichkeit beizubringen. Nein, fand ich, so etwas dürfe man nicht abschieben. Wir gehen schließlich alle mit den jungen Leuten um, und wenn jeder den Standpunkt vertritt, das sei im Prinzip die Aufgabe des jeweils anderen, so lassen wir die Augenblicke ungenutzt verstreichen, in denen wir einfach sagen könnten: »Nein, so nicht! Lieber so!« Und nach Möglichkeit eine Erklärung dranhängen. Unsere Kinder verbringen ihre halbe Kindheit lang den halben Tag in der Schule. Also muss ich mich darauf verlassen, dass die Erwachsenen, die dort mit unseren Kindern umgehen, sich zumindest ihrer Vorbildfunktion bewusst sind.

Die Erwachsenen sollen nicht kneifen, sondern mutig sagen: »Das finde ich falsch!«

»Ja«, gab mein Gesprächspartner zum Schluss zu bedenken, »darüber müssten wir in der Konferenz einmal sprechen.« Auch das reichte mir eigentlich nicht. Die Erwachsenen sollen sich nicht mit Erwachsenen über dieses Thema auseinander setzen, sondern die Erwachsenen mit den Schülern. Die Erwachsenen sollen nicht kneifen. Sie sollen nicht eine Arbeitsgruppe »Schüler und Benehmen« gründen, sondern mutig sagen: »Ich finde, dass so etwas falsch ist.«

In diesem und in jedem Fall, den sie miterleben. Und zwar sofort und spontan. Wird der Fall nämlich zwei Wochen später theoretisiert und dann verallgemeinert, hört keiner mehr hin. Gleich Stellung beziehen, gleich diese Stellung begründen, gar keine Diskussion, sondern Information.

Ja, woher man denn diese Zivilcourage und die Sicherheit nehmen könne, so mit den Schülern umzugehen? Darüber, fürchte ich, müssen die Erwachsenen, die sich eine solche Frage stellen, selbst nachdenken. Es wäre gut, wenn sie es wirklich täten.

Über den Umgang
mit Spielzeug

Kinder lieben Spielzeug. Erwachsene – nicht nur wenn sie Kinder lieben – lieben ebenfalls Spielzeug.

Greift aber ein Erwachsener allzu häufig zur Puppe oder Eisenbahn, so zitiert sicher ein anderer Erwachsener: »Ja, ja, in jedem von uns steckt ein Kind, das spielen will!« Und schon kauft der ertappte Erwachsene das Spielzeug wirklich für ein Kind, als ob es eine Schande wäre, selber gern zu spielen. Schließlich haben uns vor allem die Psychologen unmissverständlich klar gemacht, was es bedeutet, wenn sich ein ausgewachsener Mann mit einem Spielzeugkran beschäftigt: Das Aufrichten des Schwenkarms hat etwas mit seinem Unterbewusstsein zu tun. Und nimmt eine Frau das Püppchen oder Bärchen in den Arm, so kann heute jeder durch Illustriertenberichte Halbgebildete ihre Motive definieren.

Weil das so ist, leuchten vielen Erwachsenen um Weihnachten herum beim Wort »Spielzeug« die Augen. Denn Weihnachten legalisiert ihre Spiellust und ihre Spielzeugsehnsucht aufs Schönste. Zu diesem Fest muss man schließlich Spielzeug kaufen – und das erlaubt die Reise nach Kinderland, in die für ewig verlorene Region, die die Erinnerung von Jahr zu Jahr paradiesesgleicher ausstattet.

Den glücklichen Glanz im Gesicht der Hersteller und Verkäufer wollen wir nur beiläufig erwähnen. Er ist in diesem Zusammenhang nichts als das Symbol für die allgemeine Übereinstimmung, in der sogar der Kommerz etwas Mildes zu bekommen scheint.

Wichtiger ist das Funkeln in den Augen der Pädagogen und ähnlicher Wissenschaftler. Für sie stellt das Spielzeug und sein Problemkreis eine unerschöpfliche Fundgrube für Prognosen und Analysen dar. Unerschöpflich, weil Weihnachten zuverlässig wiederkehrt, so dass aus dieser Ecke regelmäßig zugeschlagen werden kann.

Wer fährt nicht zusammen, wenn er – mitten im seligen Spielzeugzusammenraffen – in seiner Tageszeitung den grämlichen Satz lesen muss: »Der unüberlegte Kauf von Spielzeug sollte vermieden werden!« Das weiß freilich jeder, der seinen blank gewetzten Teddybären, seine Flickenpuppe inniger geliebt hat als die teure und zerbrechliche Porzellanpuppenmadam, dem ein selbst gebastelter Drachen mehr Freude bereitet hat als das akkurate Kunstwerk aus Reispapier, das den Wind nicht richtig fing.

Wenn Erziehungswissenschaftler obendrein mit großem Ernst davor warnen, nicht mehr auf einmal zu schenken, als ein Kind unterbringen und schön ordentlich aufräumen kann, und nicht weniger verbissen raten, die geballte Ladung der Weihnachtsgaben lieber gerecht und gleichmäßig auf das ganze Jahr zu verteilen, dann kann man wirklich nur noch lachen.

Natürlich ist es Unfug, Spielzeugdeponien im Kinderzimmer anzulegen. Natürlich ersticken Fantasie, Antriebskraft und Einfallsreichtum in der Blech- und Plastikhalde. Natürlich wuchert Langeweile aus dem Überfluss. Vor drei oder vier Generationen haben kluge Tanten herzzerreißende Geschichten von im Reichtum verkümmernden Kommerzienrats-Töchterlein geschrieben. Diese wären wohl Steinewerferinnen und Hausbesetzerinnen geworden, hätten ihnen die Autorinnen nicht rechtzeitig ein gesundes, munteres Arme-leutekind über den Weg geschickt, durch das das Töchter-chen in die Wonnen des Holzdocken-Spiels und vor allem des gemeinsamen Spielens eingeführt worden wäre.

Das Ganze ist eben kein Spielzeugproblem. Und so sollte man die These der Wissenschaftler auf den Kopf stellen und behaupten: Kinder können inmitten von Spielzeugbergen mopsfidel und glücklich sein, können clever und erfinderisch werden und was man sich sonst für Kinder wünscht. Ja, das können sie – wenn sich jemand um sie kümmert, mit ihnen spielt, ihnen das gemeinsame Spielen und eine richtige Kin-derfreundschaft ermöglicht, kurz: sie liebt.

Wenn man Kinder jedoch lästig findet und sich mit Spiel-zeug von ihnen loskaufen will, so ist es egal, ob man ihnen eine pädagogisch wertvolle und die Kreativität fördernde Flickenpuppe in die Hand drückt oder ein mehrstöckiges Puppenhaus mit eingebautem Klingelspiel hinstellt. Sie bleiben unglücklich, weil Kinder keine Sachen brauchen, sondern Menschen und deren Liebe.

Sicher, wenig kaufen ist besser als viel kaufen. Aber am allerbesten ist es, dem Kind in uns, das spielen will, so oft wie möglich nachzugeben. Allerdings nicht in egozentrischer Einsamkeit und abgeschiedener Ruhe, sondern mit-ten im lebendig anstrengenden und sämtliche Kräfte der Fantasie und der Geduld herausfordernden Getümmel. Also: mit Kindern spielen, lesen, leben, ihr Verlangen nach Liebe stillen, damit es nicht um-schlägt – in Schmerz oder Hass oder eine Verachtung, die ihnen dann nicht nur die Freude am Spielzeug nimmt.

Mit Spielzeug können Eltern gutes Bench-men im Kinderzimmer lernen.

Über den Umgang mit
politisch anders Denkenden

Mit Absicht heißt es nicht: mit politischen Gegnern. Gegner sollte es in einer Demokratie, in einem sich einenden Europa gar nicht mehr geben. Südtirol ist durch den Tourismus befriedet worden, den Menschen in Irland geht es angeblich um Religion, und beides, das Angebliche und das Christliche, sind ein Kapitel für sich. Deshalb hier nur ein Wort: Bei diesen beiden Themen bitte keine Überheblichkeit und kein Pharisäertum!

Die politisch anders Denkenden. Mit dieser Einschränkung wäre bereits das erste Prinzip im Umgang mit ihnen genannt: keine Feindseligkeit, keine Verächtlichkeit, sondern Aufmerksamkeit. Wer in einem Gespräch mit Menschen, die vorgeben, politisch anders zu denken, schweigt und zuhört, wird bei den meisten Gesprächspartnern feststellen: Sie denken gar nicht anders. Sie haben lediglich eine andere Tageszeitung gelesen oder einen anderen Fernsehkommentar gehört. Sie denken im Grunde genommen gar nicht, sie lassen denken, sie plappern nach. Und weil sie, wie jedermann, beim Hören und Lesen die erste Hälfte schon vergessen haben, wenn sie bei der zweiten Hälfte sind, bleiben ihnen nichts als ein paar rudimentäre Schlusssätze in Erinnerung – und nur mit denen gehen sie um.

Und wie geht man mit Gesprächspartnern um, die nichts Eigenes zu sagen haben? Die gar nicht auf den Gedanken kommen, dass man sich informieren muss, wenn man sich eine Meinung bilden möchte? Dass man abwägen müsste, dass man stets und immer wieder voll Zweifel und Vorsicht daran denken sollte, wie wenig wir von den Vorgängen wissen, über die wir uns unterhalten. Was macht man also mit anders denken lassenden Phrasendreschern?

Wenn man zufällig gerade dieselbe Zeitung gelesen hat wie der andere und insgesamt ein bisschen besser informiert ist, könnte man ihn mit den eigenen Waffen schlagen und sagen:»Ja, der Herr X oder die Frau Y hat dies und jenes in dem Artikel geschrieben, aber...« Und dann sind die beiden Gesprächspartner bei einem Thema gelandet, über das weitgehende Einigkeit herrscht: die Unzuverlässigkeit der Journalisten.

Ich bin Journalistin. Ich habe am eigenen Leib erfahren, wie schwer es ist, einer Sache auf den Grund zu gehen, damit ich zuverlässig darüber berichten kann. Denn interviewe ich einen allseits Berühmten und Kompetenten und danach der Gerechtigkeit oder meines Misstrauens oder meiner Neugier wegen den Lehrstuhlgegner, den politisch oder wissenschaftlich anders Denkenden, so erhalte ich häufig vollkommen unterschiedliche Aussagen.

Was kann man da machen? Den Dritten fragen. Kann er den Widerspruch erklären oder liefert er die dritte Ansicht zu meinem Thema? Manchmal dauert es lange, bis man den Menschen trifft, der die genauen Hintergründe tatsächlich kennt und weiterhelfen kann. Manchmal bleibt einem allerdings nichts anderes übrig, als sich die drei oder zehn Standpunkte zu betrachten und zu überlegen: Was könnte wohl am wahrscheinlichsten sein?

Das bedeutet: sich eine Meinung bilden. Und nur dann, wenn man sich so lange mit einem Thema befasst, ja, es tatsächlich angefasst und befühlt und von allen Seiten berochen und in der Hand gewogen hat, kann man etwas darüber sagen. Noch besser: Man kann die Menschen zitieren, von denen man sich etwas hat sagen lassen.

Heutzutage sieht man im Fernsehen, wie der Mann oder die Frau von der Straße nach ihrer Meinung gefragt wird. Das ist gedankenloser Unfug und sehr oft nichts als Manipulation. Der Angesprochene soll mit seiner Meinung einen Kommentar oder eine Aussage bestätigen. Sagt er allerdings etwas anderes ins hingehaltene Mikrofon, wird seine Äußerung nicht in die Sendung aufgenommen, sondern die des Nächsten, dessen Antwort dem Interviewer passt.

Meinungen sind billig zu haben. Meinungen können aber auch gefährlich sein. Sie haben etwas mit Sturheit, mit Unbelehrbarkeit zu tun, weil sie einfältig und nicht so vielfältig wie die Wirklichkeit sind. Wenn mir der politisch anders Denkende mit Meinungen kommt, bin ich verloren. Begegne ich zum Beispiel einem alten Mann in einer Gesellschaft, bei der sich Hunderte im Ballsaal eines großen Hotels drängeln, und dieser alte Mann beginnt davon zu schwafeln, wie gut es den Jugendlichen von heute täte, wenn sie wie damals in der HJ »mal ordentlich die Hammelbeine lang gezogen bekämen«, so lasse ich ihn schwadronieren und schaue, dass ich fortkomme.

»Aber das kannst du ihm doch nicht durchgehen lassen!«, sagte eine Kollegin, die neben mir stand. »Du hättest ihm widersprechen müssen!« Nein, hätte ich nicht. Erstens war er ganz offensichtlich schon beim dritten oder vierten Drink. Zweitens war er zu alt. Wer nach über einem halben Jahrhundert noch nicht begriffen hat, was die Nationalsozialisten angerichtet haben, den kann ich nicht in fünf Minuten beim Smalltalk und im Lärm eines Empfangs vom Gegenteil überzeugen. Außerdem war der Alte gar nicht auf ein Gespräch aus. Er wollte provozieren. Wen, war ihm egal.

Wenn es nun ein ganz normales Gespräch ist, in dem mich jemand vom Vorteil seiner politischen Einstellung zu überzeugen versucht, die nicht die meine ist, dann höre ich zu. Höre mir vor allem seine Gründe an, kann nachfragen, wir können vergleichen, wie er und wie ich es mit der Universitätsreform oder der Euthanasie halten. Das ist ein Gespräch unter Gleichberechtigten, Wählern, Bundesrepublikanern – wie man es nennen will. Ein Gespräch, nach dem sich vielleicht meine Meinung zu Gunsten seiner Erfahrung geändert hat. Oder ein Gespräch, in dem ich ihn vielleicht von meinen Argumenten überzeugen kann. Kein Streit.

Wenn ich also mit jemandem, der andere politische Ansichten hegt, nicht nur Schlagwörter austausche, die von der letzten Wahl übrig geblieben sind, sondern sachlich rede, so müssten wir uns bald einig sein. Denn eine politische Einstellung ist kein Charaktermerkmal. Und eine Einstellung, die sich von meiner unterscheidet, ist kein Charakterfehler. Man kann seine Einstellung ändern. Sie betrifft die Erfahrungen, die man gemacht hat, und die Konsequenzen, die man daraus zieht.

> Aus Anstand sollte man die anderen mit Fairness und Fakten beehren.

Meine Freundin, mein Kollege, mein Sohn können Kommunist, Grüner oder CDUler sein, das ändert nichts an meiner Freundschaft oder Liebe zu ihnen. Selbst wenn wir uns über Rosa Luxemburg oder August Bebel in die Wolle gerieten und uns niemals einig würden – was macht das schon? Die Welt lebt aus solchen Spannungen. Sie ist reich, sie bietet tausend Möglichkeiten. Und daher kann ich mit den politisch anders Denkenden genauso umgehen, wie mit jenen, denen Bach, aber nicht Bartók gefällt, die nach Madrid, jedoch nicht nach Miami reisen, die wie Goethe Kohl mit Bratwurst und nicht wie Thomas Mann Roastbeef mochten. Und so weiter. Ich dulde diese Unterschiede. Ich bin ein Teil der Vielfalt und fühle mich sicher, weil ich darauf vertraue, dass alle anderen mich ebenso achten und mir gerecht werden.

Was aber, wenn ich im Gespräch an Leute wie den alten Mann geriete, an unbelehrbar anders Denkende? An Alt- und Neunazis? An Antisemiten? An Gewalttäter und Terroristen? Könnte ich, müsste ich mit Mördern sprechen?

Ich kann diese Frage nicht für andere beantworten. Ich selbst habe versucht, standhaft zu sein, und weiß deshalb, dass es gut ist, wenn man Auseinandersetzungen nicht aus dem Weg geht. Wenn man sich nicht niederschreien lässt, sondern seine Argumente darlegt. Wenn man sein Gegenüber zwingt, auch den Standpunkt und das Recht der anderen Seite zu bedenken.

Zuhören ist Höflichkeit. Aber alle Höflichkeit hat einmal ein Ende.

Der andere lässt sich nicht überzeugen? Dann nicht noch einmal, und jetzt mit erhobener Stimme, dasselbe sagen. Das wäre der Anfang einer Spirale, die in Hilflosigkeit oder Nervosität oder Pöbeleien endete. Möglicherweise hat es der andere gerade darauf angelegt, dass ich in diese Falle tappe und dann wirklich wie ein Popanz dastehe.

Also kein Geschrei, sondern andere Argumente. Umgang – umgehen, das bedeutet wortwörtlich: um einander herumgehen. Alle Seiten zeigen, alle Seiten betrachten. Wenn ich keine neuen Seiten mehr zu präsentieren habe oder wenn mir vor dem Anblick fremder Seiten graust, so bleibe ich stehen, dann ist der Umgang beendet. Es hat keinen Sinn, von vorn zu beginnen. Trennen wir uns in Würde. Zitieren wir ein deutsches Nachrichtenmagazin:»Ich danke Ihnen für dieses Gespräch.« Höflich und sachlich bis zum letzten Wort. Dann hat man die Chance, das Gespräch wieder aufzunehmen, weiter miteinander umzugehen oder in eine andere Richtung fortzugehen.

ÜBER DEN UMGANG
MIT DEM NEIN

Eigentlich war er satt. Doch dann kam die Gastgeberin noch einmal mit der Kuchenplatte und sagte auf diese gewisse Art, der man nicht widersprechen kann:»Sie möchten sicher auch noch ein Stück, nicht wahr?«

Eigentlich hätte sie das Wochenende lieber allein zu Hause vertrödelt. Aber ihre Schwester sagte am Telefon: »Und wenn du dann kommst, kann ich endlich einmal den Dachboden ausmisten.«

Jeder kennt diese Geschichten. Jeder könnte eine ähnliche erzählen. Jeder war schon einmal in der Lage, etwas tun zu müssen, was er im Grunde genommen gar nicht wollte, nur weil er nicht Nein sagen konnte. Das beginnt bei den Teetrinkern, die sich Kaffee einschenken lassen, obwohl sie genau wissen, dass ihnen danach übel wird. Und es endet bei den Leuten, die jemanden heiraten, weil sie nicht imstande sind, ihm oder ihr klarzumachen, dass eine Einladung ins Restaurant oder ein gemeinsames Wochenende kein Ja zur Steuerklasse drei bedeutet.

Denn das gehört zu dieser Erscheinung: Sie reicht vom Banalen bis zum Tragischen. Und was am meisten ärgert: Das einmal gegen den wirklich wahren Willen ausgesprochene Ja besitzt irgendeine lächerliche Zauberkraft, die uns die Stimme lähmt, den gesunden Menschenverstand raubt und uns dazu treibt, Masochismus zu entfalten, wie er erbärmlicher nicht sein kann. Denn gar nicht so selten wird man nach dem ersten Zustimmen und Nachgeben gefragt:»Willst du das

wirklich? Willst du mir tatsächlich beim Tapezieren helfen?«
(Mir dein Geld noch länger ohne Zinsen leihen? Bei strö-
mendem Regen mit mir einen Spaziergang machen? Meine
Kinder hüten? Und weiß der Himmel was ...) Der Unglück-
liche hätte also die Chance, einmal kräftig durchzuatmen
und zu antworten: »Also ich weiß gar nicht, wo ich meinen
Kopf gehabt habe! Du hast vollkommen Recht, ich will das
nicht!« Was tut er jedoch? Er beschwört und lügt und stam-
melt und beteuert und drängt sich fast auf. Und je klarer ihm
wird, was er da veranstaltet, desto wilder wütet er gegen sich
selbst, als ob – ja was? Als ob er sich strafen wollte? Wofür?
Weshalb?

Es gibt keine Statistik, die uns verriete, wie viele an dieser
sozialen Abwehrschwäche leiden. Denn obgleich sie Qualen
verursacht, ist sie keine Krankheit, vermutlich nicht einmal
eine Absonderlichkeit. Diejenigen, die auf einem
Gebiet ganz unerschrocken und felsenfest Nein sagen können, versagen auf anderem Terrain im
Umgang mit diesem Nein genauso wie der Rest der
Menschheit.

> Ein Nein muss kein Trotz sein. Es kann Zeit und tausend Entschuldigungen ersparen.

   Das wäre der Große, Starke, der zerschmilzt, sobald ihm ein Kindchen, ein Weibchen, ein Hündchen
mit Bettelblick über den Weg läuft. Schon ist er bereit, zur
Bonbontüte, zum Scheckbuch, zur Ausgehleine zu greifen.
Wahrhaftig, dieser Mensch kann nicht Nein sagen, so wenig
wie der andere Typ, der preußische Feldwebel, der Nazi-
blockwart, vor dem alle zitterten und bebten. Aber wehe
wenn seine Madam befahl: »Ascheimer ausleeren!« Dann
war es an ihm, schnell Ja zu sagen.

Das sind natürlich Karikaturen. Aber in der Karikatur steckt, wenn sie gut ist, gerade dieses Körnchen Wahrheit, das so plagt, weil es stimmt. Wir haben alle unsere schwachen Stellen. Wir lassen uns bestimmen, wir unterwerfen uns, als ob wir jeden Tag einmal durchspielen müssten, wie das ist. Als ob wir unablässig jemanden erfreuen, uns mit jemandem versöhnen, jemandem ein Stück von unserer Behaglichkeit vor die Füße legen müssten, damit uns das Schicksal anlächelt. Oder damit uns die anderen mögen.

Muss man sich also den Umgang mit dem Nein mit Gewalt einhämmern lassen? So wie der Landgraf von Thüringen, der anfangs so milde regierte, dass der Übermut der Mächtigen zunahm und das Volk hart bedrückt wurde. Und der eines Abends, verirrt nach einer Jagd, unerkannt beim Schmied von Ruhla um ein Nachtlager bat. Dieser aber rief jedes Mal, wenn er mit seinem Schmiedehammer auf das glühende Eisen schlug, den Landgrafen und seine Milde verfluchend: »Landgraf, werde hart!«

Einem Kind kann man den Umgang mit dem Nein erleichtern, indem man es das verneinen lässt, was es ohnehin leicht und heiter ablehnen würde. Wer pädagogisch denkt und handelt, steigert allmählich den Schwierigkeitsgrad der Übung, doch er sollte kein Programm daraus machen. Lieber dem Kind, dem jungen Menschen klar machen, dass wir immer, jede Sekunde, vor Entscheidungen stehen und uns für Ja oder Nein entscheiden müssen.

Lässt sich durch Üben lernen: Nein sagen in allen Tönen und Varianten.

Wir stehen, wie es die Philosophen formulieren, unter dem Zwang zur Wahl. Atme ich oder halte ich die Luft an, bis ich ohnmächtig umfalle? Schreibe ich

weiter an diesem Text oder lege ich den Stift aus der Hand?
Füge ich mich widerspruchslos einer unsinnigen Anordnung
oder hinterfrage ich sie und protestiere dagegen?

Es ist nicht die Wahl zwischen zwei Dingen, es ist die
Wahl an sich. Wenn man das begriffen hat, dann merkt man,
dass der Umgang mit Ja und Nein so natürlich ist wie essen
und trinken, wachen und schlafen.

ÜBER DEN UMGANG
MIT KINDERN IM LOKAL

Warum nehmen Eltern Kinder mit ins Lokal? Die Antwort ist einfach: Die einen finden keinen Babysitter. Den anderen ist ein Babysitter zu teuer. Die Nächsten sagen: »Ja Herrschaften! Ich will schließlich mit meinen Kindern zusammen sein!«

Also werden die Kinder zusammengeschnürt und müssen mit. Das kann ganz und gar gut gehen, wenn es sich um richtig liebe Eltern handelt. Strahle-Eltern, die sich beim Essen mit den Kindern unterhalten und nicht über die Schule und Zeugnisnoten sprechen. Die genau das bestellen, was den Kindern schmeckt, und sie dies mit ihren fünf Fingern essen lassen. Und die ihre Kinder nicht bis weit nach Mitternacht dem Zigarettenmief des Lokals aussetzen.

Weil Eltern jedoch meist ganz normale Erwachsene sind, treffen sie sich mit Freunden im Lokal und reden über Politik und Steuern, und die Kinder mopsen sich und probieren aus, wie rasch sie ihre Alten auf achtzig kriegen und wie leicht erpressbar diese in der Öffentlichkeit sind. Und schon weitet sich der Umgang mit Kindern im Lokal aus. Er wird öffentlich, und die Eltern müssen mit dieser Öffentlichkeit, die sie selber zum Teilhaber an ihrem Privatleben gemacht haben, rechnen.

Dreh- und Angelpunkt ist also weniger der Umgang mit den Kindern als der Umgang mit den Eltern. Auf Zypern und in

Göttingen war das nie ein Problem. In warmen Ländern geht man wesentlich lässiger mit dem Nachwuchs um, und das erzeugt eine sanfte Atmosphäre, auch wenn die Kinder alles andere als sanfte Lämmer sind. Sie haben einfach mehr Auslauf. Gasthäuser – das sind robuste Holztische im Schatten von grün überwachsenen Pergolen. Die Kinder sitzen auf Schaukeltieren und blicken satt auf Aphrodites Meer, während die Erwachsenen ebenso träge den türkischen Kaffee schlürfen.

Und in Göttingen, damals vor dem Krieg, wurden Kinder ohnehin nur zum Eisessen mitgenommen oder in die Knochenmühle oder den Kehr, Wirtschaften im Grünen, wo die Großen Zwetschenkuchen mit Schlagsahne aßen und die Kleinen sich auf einer Spielwiese mit Wippe, Rundlauf und Schaukel austoben konnten. Aber sogar in Göttingen haben Neubausiedlungen die Spielwiesen geschluckt, und bei dem Wort »Schaukel« denken Wirte zuerst an Unfallgefahr und Versicherung. Und schließlich kann man heute mit Wippe und Rundlauf kaum ein Kind mehr entzücken. Es ist alles eng und gleichzeitig anspruchsvoll geworden, und jeder pocht auf sein Recht in diesem Restchen Freiheit: Recht auf Ruhe beim Rumpsteak und Recht auf Kinder samt ihrem Krach.

Sicher, es gibt kinderfreundliche Lokale und es gibt Kinderteller und Kinderstühle. Doch das ändert nichts an der Tatsache: Wenn ein ganz normaler Mensch sein ganz normales Kind in ein ganz normales Lokal mitnimmt, so liegt eine Notsituation vor. Er hat, siehe oben, für das Kind keinen angemessenen Aufbewahrungsort gefunden. Also muss er es mitschleppen. Folglich zwingen die Eltern alle anderen, mit dieser Situation so umzugehen, dass sie erträglich ist: für das Kind, den Kellner, die anderen Gäste und vielleicht auch noch für den Hund unterm Tisch.

> Wenn jeder auf sein Recht pocht, kommt meist keiner zu seinem Recht.

Manche Kinder sind ja bereits mit sechs Jahren würdige Matronen und in jeder Hinsicht pflegeleicht, so dass sogar die Fliegen friedlich auf der Glasglocke sitzen bleiben. Wer allerdings andere Kinder hat, richtig frech und unverschämt oder ganz alltäglich laut und munter, dem kann es ergehen wie mir neulich, als ich mit Freunden in einem Restaurant saß. Keine Kneipe, auch nichts Überkandideltes, ein nettes bürgerliches Esslokal. Kaum hatten wir bestellt, nahmen zwei Frauen mit zwei kleinen Mädchen Platz. Die Mädchen so niedlich wie die Mütter und so müde, wie Kinder meistens gegen neun Uhr abends sind. Zuerst quengelten sie, dann stritten sie sich, und ihre niedlichen Schleifen gingen auf. Dann sagten die Mütter: »Lass das!« Und dann nahm die eine ihr Kind auf den Schoß, was das zweite Kind ebenfalls wollte. Dabei fiel die Wasserkaraffe um, und die Mutter sagte: »Lass das!« Und die andere: »Nun lauft schon!«

Brav, wie die kleinen Mädchen waren, liefen sie los und blieben an den Nachbartischen stehen, betrachteten sich alles gründlich, steckten den Finger in den Mund und sagten und fragten in die Gespräche der anderen Gäste hinein: »Warum hast du denn eine Brille auf? Was isst du denn da?« Sie nahmen sich ein Stück Brot aus dem Korb, und als ein Gast den schüchternen Versuch machte, sie wieder zu ihren Müttern zurückzuschieben, die – friedlich rauchend – ihre Sprösslinge gar nicht mehr wahrzunehmen schienen, da ertönte es: »Ich will lieber bei dir bleiben. Gibst du mir was von dem da? Das mit der rosa Sauce?«

Ein anderer Gast, unter dessen Tisch das zweite Mädchen inzwischen Platz genommen hatte, wendete sich nun an eine der Mütter. »Ach«, sagte sie und starrte ihn an, »Sie haben wohl keine Kinder, was? Kinder müssen spielen dürfen!« Man sah dem Gast an, dass er gern manches darauf entgegnet hätte. Zum Beispiel, dass er Kindern von Herzen das Spielen gönnte, nur nicht im Lokal und unter seinem Tisch, an dem Erwachsene in Ruhe ihre Mahlzeit und die Unterhaltung genießen wollten.

Um allen Müttern und Vätern gleich den Wind aus den Segeln zu nehmen: Der stumme Gast und ich haben nichts gegen Kinder! Ganz im Gegenteil, ich stehe auf der Seite der Kinder. Doch gerade deshalb frage ich mich und die Mütter: Wie hat es nur zu diesem Missverständnis kommen können, dass Kinder in einer Zeit, in der in Hunderten von pädagogischen Wälzern erklärt wird, wo das Glück der Kleinen liegt, so an diesem Glück vorbeierzogen werden.

Denn es ist kein Glück für sie, wenn sie pausenlos mit durch das Leben der Erwachsenen gezerrt werden. Als Anhängsel. »Lass das!« »Sitz still!« Aber immer dabei und nichts, rein gar nichts zu tun. Wie langweilig ist das! Kein Wunder, dass die armen Würmer explodieren und quengeln und stören. Was braucht denn ein Kind in Wirklichkeit? Mit Designer-Jeans und Maschen im Lockenhaar über Laura-Ashley-Rüschenkleidern stillt man ihre Wünsche und Bedürfnisse ebenso wenig wie mit der Mäkelei über das Sößchen zum Salätchen.

Fragt eigentlich jemand die Kinder, ob sie immer und überall mitgezerrt werden wollen?

Kinder wollen spielen, ja wahrhaftig. Aber in von gnadenlosen Müttern verräucherten Lokalen? Bis kurz vor Mitternacht? Vielleicht würden diese Mütter antworten: »Ich habe den ganzen Tag gearbeitet, da will ich wenigstens abends etwas von meinem Kind haben.« Gegenfrage: Hat denn das Kind in dieser Situation etwas von seiner Mutter gehabt? Und vor allem: Jeder beklagt sich heute über die zunehmende Rücksichtslosigkeit. Wäre es nicht an der Zeit, den Menschen zu zeigen, was Rücksicht ist? Kinder lernen Rücksicht nur im Umgang mit rücksichtsvollen Eltern. Und die Eltern? Vielleicht im Umgang mit uns? Da könnten die Eltern die gleiche Rücksicht fordern wie die anderen Gäste im Lokal.

Wessen Forderung wiegt schwerer? Welche ist berechtigter? Rücksicht ist nicht Feigheit. Auch nicht Gleichgültigkeit. Wer sein Leben auf Kosten der anderen genießt, rechnet meistens damit, dass die anderen sich nicht aufzumucken trauen und ergo aus Bequemlichkeit auf ihre Rechte verzichten. Wer jedoch den Aggressor spielt, hat nur noch ein einziges Recht frei: das Recht, höflich in die Schranken gewiesen zu werden. Das Recht auf Rücksicht hat er verwirkt, weil er es selbst nicht achtete.

Über den Umgang mit dem Mobiltelefon

Ein Handy ist praktisch, darüber herrscht gewisslich Einigkeit. Aber es ist die Pest. Überall zirpt und klingelt es, will eine Melodie von sich geben, bringt es jedoch lediglich zu mechanischen Missklängen, beleidigt also das fremde Ohr, verstört den handylos Lebenden, weil die in ihr Handy-Gespräch Versunkenen ihn gar nicht wahrnehmen und dadurch in eine merkwürdige Einsamkeit stoßen.

Ist ein Mensch ohne Mobiltelefon nur ein Außenseiter? Oder schon der letzte Mensch unter Halbautomaten? Jedenfalls kann man nicht aus dem Haus treten, ohne auf jemanden zu stoßen, der eine Hand ans Ohr gedrückt hat und wie ein Nachtwandler ins Leere spricht. Manche scheinen Selbstgespräche zu führen, bis man merkt, dass ihnen dünne Schnüre um den Hals hängen und ein Knopf im Ohr steckt. Direktverkabelung mit der ganzen Welt.

Am schlimmsten: Leute, die ins Handy plärren, als ob es kaputt wäre.

Konferenzen könnten mit diesem Kommunikationsmittel fast überflüssig werden. Das wäre gar nicht schlecht, weil man auf diese Weise Hunderte von Flügen und Bahnreisen einsparen könnte, was nicht nur die Regierungskosten, sondern auch die Preise der Waren erheblich senken könnte. Da wir aber nicht von der Vernunft gelenkt werden, steigen eher die Kosten – auch die, die Kinder ihren Eltern machen.

Das Handy verleiht den Pubertierenden scheinbar noch mehr Selbstsicherheit als das Reiten. Es ist zu ihrem sechsten

Sinn, zu einem Teil ihres Körpers geworden. Sie benutzen es in der Schulklasse, auf dem Heimweg, bei den Hausaufgaben, nachts unter der Bettdecke. Und wer zahlt? Vordergründig die Väter, die vermutlich den kleinen Apparat über die Firma laufen lassen und die monatlichen Kosten bei der Steuer abschreiben, so dass Sie und ich dieses üppige »Taschengeld« mittragen müssen, das andere Erwachsene uns aufbrummen, weil sie nicht mit Kindern umgehen können, die mit Handys umgehen.

Wie gesagt, ein Handy ist praktisch. Wenn ich per Bahn zu Vorträgen reise und weiß, wie oft Züge Verspätung haben, wie unsinnig knapp Umsteigzeiten berechnet sind, wie viele Anschluss-Bummelzüge nur noch im Zweistundentakt fahren, dann lobe ich mir mein Mobiltelefon. Ich lobe es mir im Auto auf der Fahrt in fremde Gegenden mit Wegbeschreibungen wie »Bei dem Gasthaus mit dem Briefkasten vorm Tor nach rechts bis zur Sporthalle mit dem grünen Dach, dann etwa achthundert Meter...« Wunderbar, in diesen Fällen das kleine Ding zücken und sagen zu können: »Der Zug ist weg!« oder »Ich sehe weit und breit kein Gasthaus und keinen Briefkasten!« Auch wenn ich in einem einsamen Haus wohnte und es wäre Winter und tiefe Nacht, wäre ich froh, ein Handy bei mir zu haben. So wie jemand, der sich auf der Fahrt zu einer Besprechung plötzlich einbildet, er hätte die Mappe mit allen Unterlagen auf dem Schreibtisch liegen gelassen und dank eines raschen Anrufs bei der Sekretärin im Nu von der Sorge befreit ist. Und so weiter.

Aber darüber hinaus? Handys in der Schule? Um mit einer Freundin in einer anderen Klasse zu schwatzen, wenn

Staatsbürgerkunde zu öde ist? Um sich während der Klassenarbeit von jemandem zu Hause ausrechnen zu lassen, wie viel
dreihundertfünfundvierzig mal achtundsiebzig sind (falls
solche Aufgaben noch gestellt werden), oder sich die Hauptstadt der Niederlande einflüstern zu lassen?

»Ja«, sagen die Lehrer, »so was ist gang und gäbe.« Und
seufzen, dagegen könne man nichts machen. Wieso nicht?
Sind sie Agenten und Handlanger der Handy-Hersteller? Gibt
es keine Elternversammlungen mehr, keine Möglichkeit, eine
erträgliche Konvention über den Umgang mit Handys zu entwerfen, anzuerkennen und durchzuführen?

Wir stehen mit dem Handy in der Hand am Anfang einer
neuen Sitte, Verhaltensform, Benehmensart – wie man es
nennen will. Und jeder, der sich über schlechtes Benehmen
aufregt, aber gegen Drill und für Aufklärung und Einsicht ist,
könnte nun loslegen und etwas verändern und den Konsumterror besiegen. Er brauchte dazu gar keine Demo auszu-
rufen oder Lichterketten flackern zu lassen. Er brauchte nur
zu sagen: Nein. Zuerst einmal ganz vordergründig und sozusagen als Basis: Nein, ich zahle nicht. Und dann: Emanzipation und Selbstbestimmung. Denn der Handy-Wahn ist die
schleichendste Art der Fremdbestimmung seit der Erfindung
dieses Wortes.

Wer nicht rechtzeitig nachdenkt oder als Kind von seinen
Eltern zum Nachdenken angehalten wird, hängt an dem Ding
wie ein Zombie und lässt mit sich machen, was die Handy-
Hersteller wollen. Dabei geht es gar nicht um das Gerät. Es
geht um die blinde Automatik, in die wir uns heutzutage so
hineinmanövrieren lassen, dass die Frage nach dem rechten

Umgang wie Hohn klingt. Noch einmal: Ein Handy ist praktisch. Faxen, E-Mail, Internet – alles enorm nützlich und auch
sinnvoll, wenn man es sinnvoll einsetzt. Das schränkt das
prinzipielle Nein ein wenig ein. Dafür müsste die
übrig gebliebene Wucht des Neins um so uner-
schütterlicher und strenger anerkannt und befolgt
werden.

Wären Familienrat, Elternversammlung damit einverstanden? Dann könnte man den nächsten Schritt
tun und den moralischen oder gesellschaftspoliti-
schen Aspekt der neuen Umgangsform beleuchten. Ist es
nicht Betrug, wenn ein Schüler sich die richtige Antwort per
Handy holt statt aus seinem Schädel? Ein Handy macht ihn
also faul, verlogen und unkameradschaftlich. Ist das der
Grund, warum ihm seine Eltern das Handy geschenkt haben?
Wollen sie ihn per Handy vielleicht fit machen für unsere
allgemeine Lug- und Betruggesellschaft?

> Wer Herr über sein Handy bleibt, der kann gar nicht so ein unhöflicher Zeitgenosse sein.

Es gibt Umfragen, und nach diesen Umfragen sind Listen
entstanden, aus denen wir erfahren, wie wir theoretisch mit
dem Handy umgehen sollen. Es ist natürlich leicht, auf einer
Liste anzukreuzen, was man für brav und richtig hält: Nein,
kein Handy im Konzert, in der Kirche, auf dem Friedhof, bei
Beerdigungen und so weiter und so weiter. Eine nette Liste.
Doch sogar während der Karfreitags-Liturgie zirpte in die
tiefe Stille der Andacht ein Handy hinein. Und deute ich im
ICE schüchtern auf das »Stille«-Zeichen auf der Glastür
bestimmter Abteile, dann tun die jungen dynamischen PC-
und Handy-Benutzer so, als wüssten sie nicht, worauf ich sie
aufmerksam machen wolle.

Sollen wir diese Umgangsformen als Durchschnitt und Regel anerkennen und nachahmen? Grummelnd zwar, aber resignierend? Wollen wir darauf verzichten, einzugreifen und kundzutun, wie wir es für richtig halten und gern hätten? Wollen wir abwarten, bis der falsche, weil gedanken- und rücksichtslose Umgang mit dem Handy zur unreflektierten Gewohnheit geworden ist, damit wir jammern und klagen können, wie schlecht sich die Jugend benähme? Oder wollen wir das tun, was einstmals als demokratische Tugend so hochgelobt wurde: eine Sache kritisch hinterfragen?

Dann kämen wahrscheinlich nicht viel mehr als zwei Merksätze heraus, so praktisch wie das Handy selbst:

1. Geh keinem mit dem Ding auf den Wecker.

2. Stell's ab, wenn du es nicht wirklich brauchst.

Vielleicht noch ein dritter Punkt: Das betreffende Gerät heißt auf der ganzen Welt Mobiltelefon.

Über den Umgang
mit Erben

Beim Erben, heißt es, enthüllt sich der Charakter. Und erzählt man von missglückten Erbschaften, so erhebt sich ein Chor von klagenden Stimmen, man sieht das Collier am Hals der Stiefmutter, man sieht die leere Stelle im Glasschrank: »...hat mir den Schrank mit dem ganzen Inhalt vererbt, und wo ist jetzt dieser böhmische rote Teller? Kannst du mir das sagen?«

Um Erbschaften, Geld und Gut und Haus und Hühnerstall toben die erbittertsten Kämpfe, bestätigen die Rechtsanwälte, und meist kann man nichts mehr ändern, weil die Raffgierigen alles schon perfekt eingefädelt haben. Das Einzige, was dem bleibt, der leer ausging, ist die Kränkung, die in einem Rechtsstreit nur noch bitterer und langwieriger wird.

Die richtige Art, mit so etwas umzugehen: Haltung bewahren und einen Schlussstrich ziehen. Wäre aber diese ganze Tragödie zu vermeiden gewesen? Ja natürlich. Man muss nur innerhalb der Familie die Hemmschranke überwinden, die uns davor zurückscheuen lässt, denjenigen, der etwas zu vererben hat, an seinen Tod zu erinnern. Und man muss darauf gefasst sein, als derjenige bezeichnet zu werden, der am Erbe interessiert ist. Als Erbschleicher, wie der Volksmund sagt. Das will man jedoch nicht auf sich sitzen lassen.

Früher war es selbstverständlicher, dass Familienbesitz in Familienhand blieb. Der Erste und der Zweite Weltkrieg mit ihren Zerstörungen, mit den Raubzugriffen der Nationalsozialisten, den Vertreibungen und Umsiedlungen, den unrechtmäßigen Enteignungen haben die Häuser mit den Gegenständen und Erinnerungen an mehrere Generationen verschwinden lassen. Die Moderne hat Familien mobil gemacht, so dass es den Begriff »Vaterhaus« kaum noch gibt. Auch nicht den Begriff »Familienbesitz«.

Also muss diese moderne mobile Gesellschaft mit dem Erbe anders als früher umgehen. Keiner darf sich mehr darauf verlassen, dass alte ungeschriebene Regeln des Anstands gelten. Keiner darf mehr darauf vertrauen, dass ein gegebenes Wort des Erblassers von den übrigen Familienangehörigen anerkannt wird. Denn wer das tut, muss die betrübliche Erfahrung machen, als Lügner – noch dazu aus Besitzgier – hingestellt zu werden. Gerade innerhalb der Familie sollte man daher die schriftliche Abmachung in ihrem Wert hinsichtlich des Familienfriedens schätzen und ausüben.

Das ist gerade dann besonders wichtig, wenn es sich um eine Familie handelt, die friedlich und unverkrampft miteinander umgeht und sich, sagen wir nach dem Tod der Großmutter, an einen Tisch setzt und natürlich das Testament erfüllt, sich dennoch trotzdem gegenseitig fragt: Was möchtest du haben? Was brauchst du? Was willst du eine Weile benutzen und dann an deinen Patensohn oder Neffen oder die nächste Generation weitergeben? Wem von den nicht eigens Bedachten, den Freunden oder Kollegen, wollen wir welches Andenken zukommen lassen?

Das ist schön und menschlich und anständig, andererseits höchst gefährlich, denn es nährt in den Beteiligten den Wahn, so sei es normal, so sei es in der Familie üblich – und

Die Erbgier macht manchem ein kleineres Herz. Das ist im Leben so wie im Märchen.

deshalb brauche man kein ausführliches Testament zu machen. Genau das Gegenteil ist der Fall. Die traurige Erfahrung der Opfer einer solchen Illusion lehrt, dass man lieber mit den unchristlichen Eigenschaften der Menschen rechnen sollte, dann kann man höchstens angenehm enttäuscht werden.

Und wie geht man um mit der Lust mancher Erblasser, die Lebenden an der Strippe tanzen zu lassen? Jeder kennt vermutlich alte Menschen, die versuchen, sich ihre Einsamkeit mit dem zu versüßen, was sie zu vererben haben. Sie inszenieren damit zu ihrem persönlichen Vergnügen oder zur Befriedigung ihrer sadistischen Gelüste ein ewiges Theater. Sie versprechen jedem alles, nehmen es ihm dann wieder weg, drängen es dem Nächsten auf, hinterlassen eine Kommode schriftlich zwei verschiedenen Personen gleichzeitig und einem Dritten ein längst verkauftes oder verlorenes Schmuckstück. Andere lassen zwei oder drei Anverwandte oder Fremde um das Erbe konkurrieren: Wer mich einlädt, spazieren fährt, ins Theater begleitet, kurz, wer mich besser behandelt, der erhält den Preis! Und wenn es falsche Barocksekretäre und mottenzerfressene Sessel sind.

Wie verhält man sich da? So liebevoll wie möglich, weil man das Motiv kennt, das dahinter steckt. Aber so fest wie nötig:»Mach mit deinem Kram, was du willst, Tantchen. Ich verdiene Gott sei Dank so viel Geld, wie ich zum Leben brauche. Ich gehe trotzdem wahnsinnig gern mit dir in die Oper – freiwillig, weil du so viel von Opern verstehst!«

Manche machen einem das Erben leicht. Eine meiner Großtanten handelte nach ihrem Lieblingsspruch:»Warme

Hand gibt besser!« Sie verschenkte alles, was sie nicht mehr benötigte, bereits zu Lebzeiten. Diesen Umgang mit den Dingen finde ich so weise wie angemessen und habe ihn mir zu Eigen gemacht. Denn in diesem Großmut steckt beides: die Freiheit loszulassen und sich vom Erdenballast zu erleichtern und gleichzeitig die Achtung vor jenen Familiendingen, die mehr wert sind als Geld und die die alte Frau samt allen damit verbundenen Gefühlen und Geschichten in die richtigen Hände weitergab. Die nächste Generation braucht manches jetzt und nicht erst, wenn ich unter der Erde bin. Dann ist sie wohl selber so alt, dass die Enkel an der Erbreihe wären.

> »Warme Hand gibt besser!« Wer so denkt und handelt, macht sich und den Nachkommenden das Erben leicht.

Also überlege ich: Was habe ich nun vierzig oder fünfzig Jahre lang benutzt und mich daran gefreut? Was kann ich beizeiten weitergeben, damit die Nachkommenden daran Gefallen haben? Einige Sachen sind aus anderen verwandten Familien in meine Hand gekommen. Warum sollen sie dort nicht wieder ihren richtigen Platz erhalten? Doch in den schlimmsten Fällen geht es nicht um Großvaters goldene Uhr, die ein angeheiratetes Familienmitglied verkloppt, statt sie in die Enkelhand zu geben, wie es Großvater und Vater stets gesagt, nur eben nie schriftlich fixiert haben. Es geht um Geld, und heutzutage um viel Geld, und da sind es die Anwälte oder Steuerexperten, deren Rat man suchen sollte.

Charles Dickens hat in seinen Romanen, die in der gerade noch großen Zeit des britischen Empire spielen, immer wieder Geschichten von jungen und älteren Leuten erzählt, die ihre ganze Existenz auf die Hoffnung auf ein Erbe gesetzt haben, das ihnen ihrer Meinung nach zustand. Die deshalb nichts aus ihrem Leben gemacht und eher den Schuldturm akzeptiert haben, statt sich auf den Hintern zu setzen und zum Beispiel etwas zu lernen. Ein Leben im Wartestand und zum Schluss die übliche Enttäuschung: Der eine Erbonkel heiratet mit achtzig ein weiteres Mal, die andere Erbtante vererbt alles ihren Katzen, ein Nächster hat gar nichts mehr zu vererben, weil er unterdessen alles verjubelt hat. Ein vergeudetes Leben, vergeudet vor allem, weil ein Mensch dem schnöden Mammon gestattet hat, sein höchster Wert zu sein.

Wer also merkt, dass die oder das Erben sein Leben beherrscht, sollte innehalten und sich überlegen, wie und wozu er lebt. Geht leichtherzig und großherzig mit Erbschaften um, so oder so. Lasst euch weder von Gier noch von Neid und Hass zerfressen.

Über den Umgang
mit Geschäftsessen

Es gibt Institute mit Lehrern und Lehrerinnen, die jungen dynamischen Managern und aufgestiegenen Altachtundsechzigern den Umgang mit Hemd und Krawatte, mit Fischmesser und Austerngabel beibrachten, beibringen und auch in Zukunft beibringen werden. Wofür? Für die Wechselfälle des Lebens, zu denen unter anderem Geschäftessen gehören.

Das Geschäftessen also. Es hat in unserer eher dem Formlosen zugeneigten Gesellschaft so etwas wie den Charakter einer Reifeprüfung angenommen. Durch nichts wird das jeweils akzeptierte gute Benehmen so gnadenlos genau definiert wie beim Essen und Trinken. Wie einer das Messer fasst und ob und wie er das Brot bricht – alles wird wie bei einer Klassenarbeit mit Noten bewertet, und nur wer genug Einser einheimst, wird Mitglied im Club.

Dabei ist klar: Beim Geschäftessen geht es nicht um das Essen, sondern, wie das Wort ja sagt, um Geschäfte. Erst wenn man beim Essen viele gute Geschäfte abgeschlossen hat und anfängt, sich diejenigen zum Essen einzuladen, die die Geschäfte einst weiterführen sollen, kann man auch das Essen genießen. Und dann birgt es auch keine Schrecken und keine Fußangeln mehr. Für den Neuling hingegen scheint es eine Menüfolge von Fettnäpfchen zu sein, und es nutzt ihm

**Das Geschäftsessen
hat so etwas wie
den Charakter einer
Reifeprüfung
angenommen.**

gar nichts, dass er vielleicht ein Kenner der thailändischen Küche ist oder Spaghetti auf zwölferlei Arten auf seinen echt toskanischen Küchentisch stellen kann.

Beim Geschäftsessen geht der Vorhang auf für das ewige unsterbliche Pracht- und Staatstheater der Etikette. Grand Hotels haben die Kulissen und die Requisiten für das große Menütheater sorgsam aufbewahrt. Ist man an einem solchen Ort zum Geschäftsessen eingeladen, so erscheint man pünktlich, weil man weiß, dass noch mindestens ein anderer mit einem essen will. Man wartet geduldig, bis der Gastgeber kommt, bestellt sich keinesfalls auf dessen Kosten und voreilig den Aperitif, denn es kann sein, dass sich der Gastgeber etwas Besonderes zur Begrüßung seiner Gäste ausgedacht hat.

Kommt er nun, so steht man auf, begrüßt ihn (den man ja kennt) und lässt sich mit den anderen Gästen bekannt machen (falls es welche gibt und man ihnen unbekannt ist). Man plaudert ein paar Minuten – kein Klatsch! Nicht verlocken lassen, Abfälliges über Kollegen oder Konkurrenten zu äußern, um sich selbst herauszustreichen. Eigenlob stinkt, sagten wir als Kinder, und Diskretion ist Ehrensache.

Dann geht's zu Tisch. Ob im Restaurant oder im Privathaus: wieder geduldig abwarten, nicht vordrängeln. Der Gastgeber hat sich gewiss eine Sitzordnung ausgedacht, die dem Sinn und Zweck des Geschäftsessens entspricht. Handelt es sich um ein großes Essen, so muss der Herr vermutlich warten, bis sich alle anderen am Tisch eingefunden haben, und erst dann darf er sich mit den anderen Herren setzen. Bei einem kleinen Geschäftsessen gibt vermutlich der Gastgeber vor, wer wo sitzen soll, geleitet höchstens den Ehren- oder den wichtigsten Gast zu der Dame, die er zu Tisch führen soll, und dann sind die Herren für ihre Tischnachbarinnen verantwortlich. Sie ziehen der Dame den Stuhl vom Tisch, damit sie sich setzen kann, fragen, ob sie einen Wunsch hat, und so weiter.

Auch in einer reinen Männergesellschaft wartet man höflich, bis die anderen Platz nehmen, ist vielleicht einem älteren Herrn behilflich, setzt sich dann gerade auf seinen Stuhl und fläzt sich nicht in denselben, greift nicht automatisch zur Zigarette. Bei Tisch möglichst gar nicht rauchen, und wenn, dann nur mit Erlaubnis der Damen oder – in der Männergesellschaft – des Gastgebers.

Im Übrigen braucht sich der Gast um nichts zu kümmern. Der weitere Verlauf des Mittags oder Abends ist Sache des Gastgebers. Dieser hat vielleicht das Menü ausgesucht. Andernfalls wählt der Gast etwas aus der Speisekarte aus, die ihm der Kellner reicht. Weiß man nicht so recht, ob man sich für diesen oder jenen Fisch entscheiden soll, oder hat man keine Ahnung, was unter der Bezeichnung Meridon serviert wird, so sollte man sich vom Kellner beraten lassen, allerdings nicht bei ihm bestellen. Der Gastgeber wird nämlich fragen: »Was haben Sie sich ausgesucht?«

Man sagt es, und wenn man sich nicht sicher ist, bespricht man die Alternative mit dem Gastgeber. Man sollte sich aus falscher Bescheidenheit nicht das billigste Gericht auf der Karte aussuchen, ebenso ganz gewiss nicht das extravaganteste und teuerste. Und wenn der Gastgeber fragt: »Was halten Sie von einem Dutzend Austern als Vorspeise?« Na – was halten Sie davon? Glibberige blasse Tiere, die man lebendig schluckt? Und wer weiß, wie die aktuelle Umweltlage in ihrem Flecke Atlantik gewesen ist! Also nichts als Grauen?

Ja dann nur Mut und höflich und locker antworten: »Nein danke. Ich würde stattdessen gern die Alaskakrabben versuchen.« So hat der Eingeladene gleich bewiesen, dass er nicht brav und gehorsam alles schluckt, was man ihm vorsetzt.

Der Gastgeber sucht den Wein aus, fragt aber in der Regel: »Das ist Ihnen doch recht oder ziehen Sie einen Médoc vor?« Ist Letzteres der Fall? Dann sagt man es. Man kann genauso gut bemerken, dass man diesen Tropfen noch nie getrunken hat, ihn jedoch mit dem größten Vergnügen kennen lernen möchte.

Hat der Gast freie Hand beim Zusammenstellen seines Menüs, dann ist es am gescheitesten, alles zu meiden, was dem Gaumen nicht behagt, was man lieber nicht kosten möchte und was angeblich kompliziert vom Teller in den Mund zu bringen ist. Ein guter Gastgeber wird bei einem von ihm komponierten Menü gleichfalls alles auslassen, was nicht jedermanns Geschmack ist – wie Innereien, Seeigel oder Schweinepfoten. Was extrem gewürzt ist – wie manche Currygerichte oder echte ungarische Paprikaschoten. Was sich etwas widerborstig beim Aufgabeln verhält – wie Schnecken, Krebse oder manche Muscheln.

Beim vorbestellten Essen hat der Gast, während er die schön gebrochene Serviette vom Platzteller nimmt, auf den ersten Blick, nämlich aufs Besteck, gesehen, was es geben wird. Denn rechts und links neben seinem Teller liegt das Besteck in der Reihenfolge, wie serviert wird. Man braucht also nur nach dem jeweils äußeren Teil zu greifen.

Hat der Gastgeber für den Gast nach der Karte bestellt, so wird der Kellner mit einem kleinen Silbertablett neben dem Gast auftauchen und wird dessen Besteck nach dieser Bestellung umtauschen oder ergänzen. Oben quer liegen Löffel und Gabel fürs Dessert, oben links steht der kleine Brotteller mit extra kleinem Messer. Manchmal liegt bereits ein Brötchen auf dem Teller, manchmal steht eine Schale mit kleinen Brotscheiben auf dem Tisch, manchmal werden die Brötchen noch warm vom Ofen serviert.

Jedenfalls sind diese kleinen Brotstücke mehr als Dekoration gedacht, damit der Tisch nicht so leer ist, bevor der erste Gang serviert wird. Der Gast hat in der Zwischenzeit etwas zu tun, kann Brötchen zerbröseln – oder bröselt man nicht? Bröseln ist besser als beißen. Man darf das Brötchen nämlich nicht missverstehen. Es soll keinen Hunger stillen. Es ist keine Frühstückssemmel. Man schneidet es also nicht durch, man beschmiert es nicht mit Butter, wie die berühmte Butterbemme, und beißt eben nicht ab.

Weinglas, Brot und Hummergabel – nur Fußangeln für den Ahnungslosen?

Man merkt schon: Dieses Stückchen Brot hängt mit den kleinen Gesten zusammen, die wie Geheimzeichen behandelt werden, vollkommen sinnlos sind, aber gerade deshalb so aufmerksam registriert werden. Der isst das Brot wie eine Stulle! Aus, vorbei. Der Gast kann eigentlich nur noch aufstehen und sich kleinlaut entfernen. Wie hätte er es denn machen sollen? Brechen, nicht schneiden. Das Messerchen liegt nur für die Butter da. Man tupft etwas Butter auf ein Brotbröckchen und schiebt es in den Mund. Oder man isst das Brotbröckchen trocken. Man muss übrigens nicht das ganze Brötchen runterwürgen. Dann braucht man es nämlich nicht zu zerbröseln, sondern lässt es einfach liegen. Eleganz zeigt sich auch im Überfluss.

Schließlich folgt ein Gericht nach dem anderen, zuallererst das Amuse gueule, eine Gaumenfreude, eine kulinarische Visitenkarte des Kochs. Gabel anbei. Suppe. Wenn klar und in Tassen: entweder löffeln oder trinken. Wenn heiß: nicht so pusten, dass alles besprüht wird, lieber etwas warten. Wenn gebunden, mit Einlage und im Teller: löffeln. Wenn heiß: pusten wie oben oder sachte kühl rühren, die Suppe soll im Teller bleiben. In jedem Fall den Suppenteller auf dem Unter- oder Platzteller stehen lassen. Nicht kippeln, um den allerletzten Tropfen mitzukriegen – das tun Kinder mit ihrer Lieblingssuppe. Kippeln wäre also ein Zeichen von ungezähmter Gier. Im Restaurant bekommt man übrigens manchmal sogar eine zweite Portion Suppe angeboten.

Wie man den Löffel hält? Nicht so zupacken wie ein Kleinkind, sondern so, wie man zum Bleistift greift. Bei uns steckt man die Löffelspitze in den Mund, in England trinkt man von der Seite. In beiden Fällen gilt: den Löffel nicht so randvoll füllen, dass er eine Kleckerspur hinterlässt. Vorspeisen sind fast immer gebrauchsfertig angerichtet. Man muss die Köstlichkeiten nur auf die Gabel laden – aber bitte nicht so üppig, dass die Hälfte gar nicht in den Mund gelangt, sondern zu beiden Seiten herunterfällt. Mit dem Vorspeisenmesser lieber eine etwas kleinere Portion zurechtstupsen und -stauchen. Dafür ist es da.

Wer sich beim Geschäftsessen auf unsicherem Terrain bewegt, schaut am besten bei seinen Tischnachbarn ab.

Wie man Messer und Gabel hält: wie man es bei seinen Tischnachbarn sieht und seit Ewigkeiten um sich herum gesehen hat. Das Halten ist nicht das Problem, sondern das Hantieren. Man redet nicht mit den Händen, in denen man Messer und Gabel hält. Man deutet nicht mit Messer und Gabel auf Menschen oder Dinge. Man greift nicht, noch das Messer in der Hand, nach etwas anderem, etwa dem Salzfass oder der Saucenschüssel. Man legt benutztes Besteck nicht aufs Tischtuch – außer man findet ein Messerbänkchen rechts oben neben dem Teller –, sondern es gehört auf den Teller, in 20-vor-4-Stellung. Möchte man ein weiteres Mal serviert bekommen, so kreuzt man Messer und Gabel leicht. Hat man genug, so legt man Messer und Gabel parallel und schräg auf den Teller.

Linkshänder haben sich gewiss längst an die Herrschaft der Rechtshänder gewöhnt. Im Fall eines Saucenlöffels sollten sie trotzdem um einen normalen mittleren Löffel oder einen Dessertlöffel bitten, weil der Saucenlöffel gerade auf der Essseite des Linkshänders den Wulst hat, der der Sauce zwar Halt gebieten soll, deshalb aber auch verhindert, dass sie einem genüsslich in den Mund rinnen kann.

Beim Fischmesser muss der Linkshänder schauen, welches Model hingelegt wurde. Mit manchen können Linkshänder problemlos hantieren. Ansonsten ist es nicht unhöflich, wenn man statt des Rechts-Fischmessers um eine zweite Gabel bittet.

Das Hauptgericht wird serviert und bietet kein Problem. Oder doch? Dann ein Blick in die Runde: Was machen die anderen? Oder dem Gastgeber freimütig gestehen: »So etwas habe ich noch nie gegessen? Wie geh ich das an?« Auf jeden Fall das Besteck benutzen und – falls es etwas so Diffiziles wie beispielsweise nicht entbeinte Perlhühner gibt: nicht mit den Fingern nach den Schenkelchen greifen und diese benagen. Wer am korrekt gedeckten Tisch sitzt, von dem wird erwartet, dass er mit Messer und Gabel umgehen kann. Dass sein Teller nach dem Fleisch-, Fisch- oder Geflügelgang nicht wie ein Schlachtfeld aussieht.

Man braucht sich eigentlich nur einmal in Ruhe beim Schlachter oder im Fischgeschäft die Anatomie der Tiere einzuprägen, dann weiß man, wo Knochen und Gräten sitzen, und kann Messer oder Gabel so ansetzen, dass sich das

Fleisch leicht vom Knochen löst. Dies ist aber lediglich zur Vorsicht gesagt. Denn, siehe oben: Ein guter Gastgeber sorgt dafür, dass sein Gast, ob in Geschäften oder nicht, entspannt ist und sich wohl fühlt. Es spricht allerdings auch nichts dagegen – falls man zum Beispiel Forelle bestellt hat –, den Kellner zu bitten: »Würden Sie mir die Forelle bitte auslösen?« Und schon kommt man in den Genuss des Gratisschauspiels, wie ein Gelernter Hände und Tranchiergeräte fliegen und funkeln lässt. Da klappt die Haut zurück, da wird das Filet gelöst, schon schwebt die Gräte wie ein Fischgespenst davon, und alles Schiere wird elegant auf den Teller des Gastes drapiert.

Wie es mit den Getränken steht? Der Gastgeber wird wie gesagt vorschlagen, was zum jeweiligen Gericht passt. Und der Gast wird selber am besten wissen, dass er nur dann einen klaren Verhandlungskopf behält, wenn er eher nippt als pokuliert. Er trinkt auf jeden Fall erst, wenn der Gastgeber sein Glas erhebt. Ob in dessen Welt zugeprostet wird, merkt der Gast ja. Dann erwidert er, aber nicht wie eine preußische Karikatur, sondern leicht und locker. Ansonsten kann er's lassen. Dafür tut er den Weinen die Ehre an, betrachtet ihre schöne Farbe, nimmt ihr Aroma auf, kippt den Rebensaft nicht wie Cola hinter die Binde, sondern trinkt in kleinen, genussvollen Schlucken. Er trinkt nicht mit vollem Mund und fasst das Glas nicht am Kelch, sondern am Stiel.

Er kaut auch nicht mit offenem Mund und redet nicht mit vollem. Er benutzt keinen Zahnstocher, zumindest nicht bei Tisch und ansonsten hinter vorgehaltener Hand. Wenn er das Essen hinter sich gebracht hat und nudeldick satt ist, öffnet

er trotzdem nicht irgendwelche Knöpfe oder schiebt den Kra-
wattenknoten tiefer und lehnt sich rülpsend zurück. Haltung
bis zum Schwarzen als Abschluss ist angesagt, und zur Vor-
beugung empfiehlt sich ein Rock mit Gummibund oder eine
Hose mit Spielraum.

Zur Kleidung sage ich weiter nichts. Da heute jede und
jeder alles trägt und offensichtlich tragen kann, muss jede
und jeder für sich allein entscheiden, was angemessen erscheint. Wenn ich zum ersten Mal zu einem Geschäftsessen eingeladen wäre, würde ich trotzdem   Überall gibt es
beim Gastgeber oder seiner Sekretärin nachfragen,   andere Kleiderregeln.
welche Kleidung üblich ist. Sonst sitzt man als Halb- Ausweg: vorher den
nackte mit Spaghettiträgern zwischen lauter adret-   Gastgeber fragen.
ten Damen in grauem Flanellkostüm mit Schluppen-
bluse oder als einziges T-Shirt zwischen Anzügen mit Weste.
Ob man sich diesen Gag gerade bei einem Geschäftsessen
leisten will oder kann, muss man selber wissen.

Bedankt man sich? Natürlich. Immer, jedoch ohne Aufwand, Angabe und Gegengabe. Fand das Geschäftsessen
allerdings im Hause des Gastgebers statt, so bekommt die
Dame des Hauses am nächsten Tag einen Blumenstrauß mit
Dankeschönkärtchen vom Floristen geschickt. Und auf das
Tablett in der Garderobe legt man das Trinkgeld fürs Personal. Nicht zu geizig, nicht zu großkotzig. Vom Mittelalter bis
in die Barockzeit hinein war das die vornehmste Bürgertu-
gend: mâze, das rechte Maß, der goldene Mittelweg.

Über den Umgang
mit Lehrern

Die Schule ist kein Automat, in den man oben ein Kind und etwas Geld hineinwirft, auf einen Knopf drückt und nach ein paar Jahren unten einen gebildeten und wohlerzogenen jungen Menschen herauszieht. Und ein Lehrer ist auch nur ein Mensch.

Da die Lehrer eine relativ große Berufsgruppe darstellen, zerfällt diese in ebenso viele kluge wie beschränkte, fantasievolle wie kümmerliche Individuen – nicht anders als der gesamte Bestand an Erwachsenen in diesem Land. Warum sollte man also mit Lehrern anders umgehen als mit Tierpflegern, Flugzeugingenieuren oder Zuckerbäckern? Im Prinzip wäre dies eine rhetorische Frage, aber es gibt einen Unterschied zwischen einem Zuckerbäcker und einem Lehrer: Dem Lehrer vertraue ich mein Kind acht oder zwölf lange Jahre an. Und selbst wenn er nur wie in der alten Klippschule Rechnen und Lesen und Schreiben unterrichtet, so weiß ich trotzdem genau, dass er (oder sie) mit jedem Wort und jeder Geste die Kinder der Klasse beeinflusst, ob ihm (oder ihr) das bewusst ist oder nicht.

»Ich weiß alles über die Ehen der Eltern meiner Schüler«, sagte eine Grundschullehrerin, »die Erstklässler erzählen alles brühwarm!« Ahnen die Eltern oder die wie auch immer kombinierten Bezugspersonen das? Beeinflusst das ihren Umgang mit den Lehrern? Hält sie das davon ab, an Eltern-abenden teilzunehmen?

Denn es geht gar nicht so sehr um die Art und Weise des Umgangs mit den Lehrern, es geht vor allem darum, dass überhaupt umgegangen wird. Der Alltag der Erwachsenen und der Kinder ist einem so rasanten Wandel ausgesetzt, wird nicht zuletzt von politischen Forderungen und Moden so belastet, ist so wenig gesichert von zuverlässigen Prinzipien, dass der Umgang mit Lehrern in einem immer wieder aufgenommenen Gespräch stattfinden müsste.

»Aber«, entgegnete eine Schulleiterin, »die Eltern kom-men doch nur zu den meist einmal im Schuljahr stattfindenden Abenden, um zu erfahren, wie ihre Kinder zensuren-mäßig stehen. Ich biete jedes Mal einen interessanten pädagogischen Vortrag an, mit Diskussion. Den muss ich allerdings vor den eigentlichen Elternabend legen, sonst liefen die Eltern nach dem, was ich zu ihrem Kind zu sagen habe, gleich auf und davon.«

Der Umgang mit Lehrern müsste in einem immer wieder aufgenommenen Gespräch stattfinden.

Und was wäre pädagogisch interessant? Für Lehrer sind das sicher moderne Unterrichtsmethoden. Für Eltern, dass man sich darüber einigt, was oder wen man mit-erziehen lassen will und wie. Welche Musik, Fernsehserien, Zeitschriften, Sticker, Sammelsachen Kinder konsumieren sollen. Welche Bücher zu empfehlen sind. Welche Ernäh-rungs- und vor allem Fehlernährungsprobleme man wie rechtzeitig erkennen kann und dann zu behandeln hat.

Es nützt nichts, wenn eine Mutter ihrem Kind Sex-and-Crime-Videos verbietet, der Sprössling jedoch nur zu seinen Schulfreunden zu laufen braucht und dort alles anschauen kann, weil es deren Eltern vollkommen schnuppe ist, was sich die Kinder in der Glotze ansehen. Es nützt nichts, wenn eine Lehrerin als Einzelkämpferin versucht, das Mobbing in der

Klasse zu verhindern – ohne Unterstützung der Eltern, die
finden, sie solle sich nicht so anstellen, die Kinder müssten
eben lernen, sich durchzusetzen, und im wahren Leben sei
das schließlich genauso: Der Stärkere siegt – und aus.

Was aber geschieht, wenn Eltern mit den Lehrern richtig
umgehen, das heißt, sich zusammensetzen und sich überlegen: Was verstehen wir unter Erziehung? Welches Vorbild
wollen wir den Kindern geben? Wie können wir ihnen
helfen, das Leben mit seinen Schwierigkeiten zu verstehen und darin zu bestehen?

Der Egoismus der Eltern färbt auf die Kinder ab. Doch ebenso nachhaltig kann ein positives Vorbild wirken!

An manchen Schulen lösen Lehrer die Schülergrup-
pen auf, die andere unterdrücken, bestehlen, be-
stechen, prügeln oder verfolgen, indem sie hinschauen, die verstohlenen Tricks der Gewalt wahrnehmen, die Gequälten zum Reden bringen, die
Sache öffentlich machen, das Gewissen der anderen Kinder
wecken und diese empfindlich machen für ähnliche Vor-
gänge. An anderen Schulen führen die Leiter in Übereinstimmung mit den Eltern wieder eine einheitliche, einfache
Schulkleidung ein: Jeans und Pulli, um der Protzerei mit
teuren Designer-Klamotten und -Schuhen oder Marken-
Armbanduhren und dem sozialen Druck, dabei mithalten zu
müssen, ein Ende zu bereiten.

Eine dieser Schulen mit Einheitskleidung bekam übrigens Schwierigkeiten mit der vorgesetzten Behörde: Das
stünde nicht in der Schulordnung, hätte keine rechtliche
Basis und so weiter und so weiter. Nein, mit Recht und Vor-
schrift haben Entscheidungen dieser Art nicht das Geringste
zu tun. Wohl aber mit dem vernünftigen Umgang mit den

seltenen Lehrern, die über ihre Schulordnung hinauszu-
blicken verstehen, die sehen, was sich in der Welt abspielt
und wie man deshalb den Umgang miteinander zum Wohle
der Kinder ändern muss.

Vielleicht aber kommt der andere Lehrertyp häufiger vor:
der Typ, der seine Ruhe und Bequemlichkeit haben will. Der
in erster Linie an sich und nicht an die Kinder denkt. Der mit
seinem Beruf und deshalb auch mit den Schülern nicht zurande kommt. Der an den Problemen vorbeischaut und sich
täglich vorbetet, wie viele Jahre er noch abreißen muss. Der
im Lauf der Schuljahre müde geworden ist, erschöpft vom
ständig Gleichen, belastet vom immer lauteren Geschrei der
Kinder, resigniert, weil sich seiner Meinung nach nichts
ändert. Er hätte Schülereltern und eine Schulverwaltung
gebraucht, die es gar nicht so weit hätten kommen lassen
dürfen.

Also auch resignieren? Das wäre der falsche Umgang.
Irgendwann muss man und kann man versuchen, der Kinder
zuliebe die Richtung zu ändern. Die oben erwähnte Schulleiterin blieb in ihrem Bemühen um die Eltern standhaft, gab
nicht nach. Und irgendwann wusste sie die Eltern hinter sich.
Hier hat es sich ausgezahlt, dass man im Umgang miteinander eine Übereinkunft entwickelt hat, an die sich alle
getreulich halten, weil sie als gut für unsere moderne Gesellschaft empfunden wird.

Ich könnte mir vorstellen, dass es vielen Lehrern lieb
wäre, in diesem Sinne Umgang mit den Eltern ihrer Schüler
zu haben. Denn Hilflosigkeit und Unsicherheit sind nicht an
Stand und Beruf gebunden.